◎

汉语大字典编纂处 编著

中华歇后语

四川辞书出版社

U0727927

图书在版编目（CIP）数据

中华歇后语 / 汉语大字典编纂处编著. —成都：

四川辞书出版社, 2024. 6. — ISBN 978-7-5579-1596-4

Ⅰ. H136.31-49

中国国家版本馆CIP数据核字第20243EK106号

中 华 歇 后 语
ZHONGHUA XIEHOUYU

汉语大字典编纂处　编著

项目统筹	干燕飞
责任编辑	杨雅茹
封面设计	王枭鹏
责任印制	肖　鹏
出版发行	四川辞书出版社
地　　址	成都市锦江区三色路238号
邮　　编	610023
印　　刷	成都市川侨印务有限公司
开　　本	880 mm×1230 mm　1/32
版　　次	2024年6月第1版
印　　次	2024年6月第1次印刷
印　　张	6
书　　号	ISBN 978-7-5579-1596-4
定　　价	39.80元

目　录

品行正直

按规矩办事
　　　　——奉公守法

拔刀相助
　　　　——打抱不平

白糖拌苦瓜
　　　　——同甘共苦

白纸写黑字
　　　　——黑白分明

半夜敲门心不惊
　　　　——问心无愧

包公审案子
　　　　——铁面无私

包公铡包勉
　　　　——大义灭亲

包公铡陈世美
　　　　——公事公办

包老爷的衙门
　　　　——认理不认亲

包青天的横匾
　　　　——明镜高悬

报纸上的社论
　　　　——句句讲道理

笔直的马路
　　　　——正直公道

冰糖煮黄连
　　　　——同甘共苦

剥开的花生米
　　　　——杀身成仁

曹操用人
　　　　——唯才是举

城楼上亮相
　　　　——高姿态

吃不了兜着走
　　　　——自担责任

吃着黄连唱着歌
　　　　——以苦为乐

池塘里的荷花
　　　　——出污泥而不染

出水的芙蓉
　　　　——一尘不染

打靶中靶心
　　　　——不偏不倚

打抱不平的说理
　　　　——仗义执言

大人不记小人过
　　　　——宽宏大量

大厅中央挂字画
　　　　——堂堂正正

待人不分厚薄
　　　　——一视同仁

刀子插在鞘里
　　　　——锋芒不露

灯草点灯不用油
　　　　——心(芯)好

地上栽电杆
　　　　——正直

豆腐炒韭菜
　　　　——清清(青青)白白

二小穿大褂
　　　　——规规矩矩

飞机上打凉扇
　　　　——高风亮节

腹中行船
　　　　——度(肚)量大

刚出炉的铁水
　　　　——心底纯正

高楼里的电梯
　　　　——能上能下

高山上的雪莲
————一尘不染

胳膊弯里打凉扇
————两袖清风

隔辈的仇家结姻缘
————不记前怨

箍桶匠的本领
————成人方圆

观音的肚腹
————慈善心肠

观音菩萨放生
————大慈大悲

观音菩萨下人间
————救苦救难

光头上拍巴掌
————正大(打)光明

荷叶上的露珠
————清清(青青)白白

红娘挨打
————成全好事

红娘牵线
————成人之美

黄连木做笛子
————以苦为乐

黄牛咬黄连
————吃苦耐劳

火烧竹子
————不变节

鸡婆抱鸭子
————舍己为人

捡了钱出告示
————不贪意外之财

姜太公封神
————自己没份儿

开封府的包青天
————铁面无私

孔夫子拜师
————不耻下问

蜡烛的一生
————照亮别人，毁了自己

浪子回头
————弃恶从善；改恶从善

老婆婆赛跑
————精神可嘉

老太太的拐棍
————专扶人

老翁吹喇叭
————精神可嘉

六月里吃薄荷
————好良(凉)心

路见不平
————打抱不平

骆驼走路
————稳重

马路不拐弯
————正直公道

马路上说马路
————公道

码头上的吊车
————能上能下

蚂蚁啃骨头
————精神可嘉

买鱼放生
————菩萨心肠

没有缝的鸡蛋

　　　　——无懈可击

煤块掉在雪地上

　　　　——黑白分明

门背后的扫帚

　　　　——专拣脏活干

蜜蜂酿蜜

　　　　——为别人操劳

棉花堆里裹刺

　　　　——柔中有刚

庙门前的旗杆

　　　　——正直

抹桌子的布

　　　　——专拣脏活干

木耳烧豆腐

　　　　——黑白分明

木匠吊线

　　　　——正直

木匠师傅跑四方

　　　　——走到哪，干到哪

木匠推刨子

　　　　——专管不平事

穆桂英打杨宗保

　　　　——严守军令

农人说谷，屠夫说猪

　　　　——干一行爱一行

齐桓公的老马

　　　　——迷途知返

棋盘里的老将

　　　　——出不了格

青菜煮萝卜

　　　　——一清(青)二白

青石板上撒石灰

　　　　——一清(青)二白

清官断案子

　　　　——认理不认亲

清水衙门

　　　　——一尘不染；无懈可击

三本经书掉了两本

　　　　——一本正经

三过其门而不入

　　　　——公而忘私

少林寺的老方丈

　　　　——德高望重

石灰墙上挂灯笼

　　　　——明明白白

石灰石进了火窑里

　　　　——要留清(青)白在人间

石灰窑里出来的

　　　　——一身洁白

收了白菜种韭黄

　　　　——清(青)白传家

水底下推船

　　　　——卖力看不到，成功不叫好

水井放糖

　　　　——甜头大家尝

水洗玻璃

　　　　——一尘不染

司务长买饭票

　　　　——公私分明

汤锅里放黄连

　　　　——有苦大家吃

唐僧的心胸

　　　　——慈悲为怀

唐僧念佛经

　　　　——一本正经

桃子破肚
——杀身成仁

剃头的头发长，修脚的脚生疮
——先人后己

天上的老鹰不吃脏东西
——清高

推土机的大铲
——吃苦在前

脱了旧鞋换新鞋
——改邪(鞋)归正

乌鸦落在雪堆上
——黑白分明

下水救落婴
——舍己为人

县太爷审他爹
——公事公办

橡皮擦子
——有错就改

小偷收心做好人
——弃恶从善；改恶从善

袖里藏刀
——锋芒不露

绣娘爱针线，牧人爱牛羊
——干一行爱一行

绣娘缝嫁衣
——为别人操劳

雪里送炭，雨里送伞
——急人所急

腰里别镰刀
——走到哪，干到哪

夜晚打雷心不跳
——问心无愧

一顿能吃三升米
——度(肚)量大

一个烧饼平半分
——不偏不倚

一轮红日出东方
——光明正大

一碗水端平
——不偏不倚

有福同享，有祸同当
——同甘共苦

月照雪山
——光明洁白

宰相肚里能撑船
——宽宏大量；度(肚)量大

张飞卖豆腐
——黑白分明

张飞骑白马
——黑白分明

张思德烧炭
——全心全意

中秋节的月亮
——光明正大

诸葛亮做丞相
——鞠躬尽瘁，死而后已

竹林里挂灯笼
——高风亮节

属唐僧的
——慈悲为怀

诚实守信

八磅大锤钉钉子
　　　　　——笃定

白娘子救许仙
　　　　——尽心尽力；竭尽全力

摆上香案请观音
　　　　　——一片诚心

搬起石磙砸碾盘
　　　　——实(石)打实(石)

板上钉钉子
　　　　　——实实在在

半山崖的观音
　　　　——老实(石)人

包大人的告示
　　　　　——开诚布公

包老爷升堂
　　　　　——有话直说

变戏法的亮手帕
　　　　——不藏不掖〔yē〕

裁缝没米
　　　　　——当真(针)

裁缝铺倒闭
　　　　　——当真(针)

裁缝师傅做衣裳
　　　　——千真(针)万真(针)

肠子不打弯
——直性人；直性子；直肠子；
　　　　　直肠直肚

唱戏的打板子
　　　　　——一五一十

城墙上挂钥匙
　　　　——开诚(城)相见

吃多了生萝卜
　　　　　——说话干脆

吃了定心丸
　　　　　——做事踏实

吃竹竿长大的
　　　　——直性人；直性子

出膛的子弹
　　　　　——不会拐弯

穿衣镜照人
　　　　　——原原本本

打开窗户
　　　　　——说亮话

打手击掌
　　　　　——一言为定

打着灯笼拉呱儿
　　　　——明说；明说明讲

大榔头砸豆腐
　　　　　——笃定

点着火把聊天
　　　　——明说；明说明讲

电焊焊钢板
　　　　　——牢靠

钉是钉，铆是铆
　　　　　——不含糊

肚脐眼打电话
　　　　　——心腹之言

肚子里吞擀面杖
　　　　——直肠子；直肠直肚

肚子里有半斤，嘴上倒五两
　　——有一句说一句；有啥说啥

对着烟囱喊叫
　　　　　——直说

二尺长的吹火筒
　　　　——只有一个心眼儿

帆船上的桅杆
　　　　　——直通通的

缸中倒豆
　　　　——不藏不掖〔yē〕

疙瘩饼子送闺女
　　　　——实心实意

骨头塞在喉咙里
　　　　——不吐不快

关公开刀铺
　　　　——货真价实

关云长单刀赴会
　　　　——单刀直入

寒冬腊月吃冰水
　　　　——点点入心

喝开水吞炒面
　　　　——不含糊

胡同里扛竹竿
　　　　——直来直去

胡同里跑马
　　　　——直来直去

华佗当医生
　　　　——名副其实

怀里揣马勺
　　　　——诚(盛)心

皇上下令
　　　　——一言为定

火车头拉磨
　　　　——不会拐弯

货真价实的买卖
　　　　——不掺假

机关枪瞄大炮
　　　　——直性子对直性子

姜太公封神
　　　　——一言为定

九月菊花逢细雨
　　　　——点点入心

军人的被子
　　　　——表里如一

火车进站
　　　　——直来直去

拉弓射出的箭
　　　　——不会拐弯

老大哥拍胸脯
　　　　——兄弟放心

老和尚念经
　　　　——句句真言；句句实话

老婆婆烧香
　　　　——一片诚心

老太婆纳鞋底
　　　　——千真(针)万真(针)

老太太吃豆腐
　　　　——尽管放心

老丫头哭娘
　　　　——诚心实意

两手攥〔zuàn〕仨大钱
　　　　——一是一，二是二

林冲误闯白虎堂
　　　　——单刀直入；受骗上当

刘备三请诸葛亮
　　　　——诚心实意

龙门石窟里的佛像
　　　　——老实(石)人

买个喇叭不透气
　　　　——实心眼儿

母亲爱孩子
　　　　——诚心实意

木匠推刨子
　　　　——直来直去

南山滚石头
　　　　——实(石)打实(石)

泥菩萨的肚腹
——实心实肠

泥塑的佛像
——实心眼儿

念九九表
——说话算数

娘疼闺女
——实心实意

汽车的后轮
——不会拐弯

铅笔芯儿
——直肠子；直肠直肚

敲不响的木鼓
——心太实

瞧着账本聊天
——说话算数

三担黄铜一担金
——假是假，真是真

三个铜钱放两处
——一是一，二是二

石斧开山
——实(石)打实(石)

石头人开口
——说实(石)话

实心饺子
——不掺假

苏三上公堂
——句句真言；句句实话

孙悟空保唐僧
——忠心耿耿

孙悟空救唐僧
——尽心尽力；竭尽全力

逃了和尚有庙在
——尽管放心

提着扁担串门子
——直来直去

剃头的修脚
——负责到底

天窗下谈心
——说亮话

铁拐李卖跌打药
——货真价实

土地爷的五脏
——实心实肠

土做的人儿
——实心眼儿

小娃娃的话
——句句真言；句句实话

心肝掉在肚里头
——放心

一滴雨，一点湿
——实实在在

愚公的住处
——开门见山

月亮坝摆龙门阵
——明说；明说明讲

知心朋友的悄悄话
——句句真言；句句实话

直性人发言
——有一句说一句；有啥说啥

诸葛亮当军师
——名副其实

竹筒倒豆子
——不藏不掖〔yē〕

竹筒里插棍子
——直来直去

嘴巴上戴竹筒
——说直话

文明礼貌

鼻孔穿绳子

　　　　——自谦(牵)

不搭棚的葡萄树

　　　　——不摆架子；没有架子

扯胡子过河

　　　　——谦虚(牵须)过度(渡)

城隍爷掉井里，土地爷扒头看

　　　　——不敢劳(捞)驾

打碎的盘子，敲烂的碗

　　　　——对不起

大年初一见了面

　　　　——尽说吉利话；尽说好话

得牛还马

　　　　——礼尚往来

地下摆摊

　　　　——不摆架子；没有架子

洞庭湖里吹喇叭

　　　　——哪里(喇哩)，哪里(喇哩)

工兵挖地雷

　　　　——义不容辞

瓜子敬客

　　　　——一点心

关公面前耍大刀

　　　　——献丑；自己献丑

黑泥鳅钻金鱼缸

　　　　——献丑；自己献丑

胡子上套索子

　　　　——自谦(牵)

见人先作揖

　　　　——礼多人不怪

金刚拖地板

　　　　——有劳大驾

金銮殿上牵驴子

　　　　——献丑；自己献丑

决堤的大坝

　　　　——不敢当(挡)

孔夫子的坟

　　　　——久慕(墓)

孔夫子游列国

　　　　——尽是礼

狂风中的海浪

　　　　——不敢当(挡)

拉马不骑

　　　　——过谦(牵)

拉着胡子上船

　　　　——谦虚(牵须)过度(渡)

老少爷们过马路

　　　　——扶老携幼

老太太进庙门

　　　　——尽说好话

老相识见面鞠一躬

　　　　——有礼

鲁班门前弄斧头

　　　　——献丑；自己献丑

鲁班门前问斧子

　　　　——讨学问来了

满园落地花

　　　　——多谢

门角里装灯

　　　　——请关照

篾丝儿做灯笼
——原谅(圆亮)

暖水瓶上系索子
——水平(瓶)有限(线)

琵琶挂房梁
——谈(弹)不上

七姑八舅送红包
——彬彬(宾宾)有礼

千里送鹅毛
——礼轻人意重

三代人出门
——扶老携幼

三月的樱花
——谢了

深山老坟
——久慕(墓)

司马夸诸葛
——甘拜下风

四月间的桃花
——谢了

唐僧到西天
——取经来的

投桃报李
——礼尚往来

万岁爷掉井里
——不敢劳(捞)驾

秀才不打架
——讲礼

银盆打水金盆装
——原谅(圆亮)

月亮跟着太阳转
——借光

灶王爷扫地
——劳神了

正月间走亲戚
——礼尚往来

团结互助

八个人抬轿

　　——步调一致

芭蕉结果

　　——一条心

拔河比赛

　　——齐心合力

包老爷升堂

　　——一呼百应

背着人作揖

　　——各尽其心

操练的士兵

　　——步调一致

秤杆与秤砣

　　——密不可分

磁铁遇铁砣

　　——不谋而合

大伙都唱一个调

　　——异口同声

大蒜结子

　　——抱成团

灯草点火

　　——有一分热，发一分光

陡坡上推车子

　　——同心协力

独根灯草

　　——一条心

独根蜡烛

　　——无二心

端午节划船

　　——同心协力

多嘴的婆婆

　　——一片热心肠；热心肠

风吹头发

　　——齐发动

夫妻俩开店

　　——齐心合力

哥俩上京城

　　——同奔前程

观音菩萨坐轿子

　　——靠众人抬举

怀揣火炉

　　——热心

怀里揣棉花

　　——暖人心

怀里揣琵琶

　　——往心里谈(弹)

黄沙里掺水泥

　　——合在一起干

火烧竹筒

　　——热心

九股绳扭成死疙瘩

　　——难解难分

九牛爬坡

　　——人人使劲；个个出力

九条江河流两处

　　——五湖四海

空酒瓶子

　　——有口无心

快嘴婆婆

　　——有口无心

拉纤的喊号子

　　——一股劲

烂麻拧成绳
　　　　——合在一起干

劳动号子
　　　　——一呼百应

老太婆吃黄连
　　　　——苦口婆心

擂台上比摔跤
　　　　——抱成团

冷天喝滚汤
　　　　——热心

两口子推磨
　　　　——同心协力

两匹马并排跑
　　　　——同奔前程

两只公鸡打架
　　　　——难解难分

刘备遇诸葛
　　　　——无话不说

麻线搓绳
　　　　——合在一起干

蚂蚁搬家
　　　　——大家动口

蚂蚁过河
　　　　——抱成团

蚂蚁啃骨头
　　　　——一齐动口

蚂蚁抬虫子
　　　　——个个出力

蚂蚁抬食
　　　　——步调一致

面粉掺石灰
　　　　——密不可分

暖水瓶里装开水
　　　　——外冷里热

螃蟹穿在柳条上
　　　　——难解难分

七根笛子一起吹
　　　　——一个音

千人大合唱
　　　　——异口同声

青藤缠树
　　　　——难解难分

三伏天穿皮袄
　　　　——热心

三九天吃辣椒
　　　　——嘴辣心热

三九天送皮袄
　　　　——暖人心

山顶喊话山下答
　　　　——上下呼应

山谷里的喊话
　　　　——一呼百应

十个指头做事
　　　　——同心协力

十月的芥菜
　　　　——齐心(起芯)

双锤落鼓
　　　　——一个音

水桶上安铁箍
　　　　——难解难分

丝线拧成一股绳
——合在一起干

唐僧跑进和尚庙
——同吃一锅斋饭

田埂上的蚕豆
——一路

铁屑见磁石
——密不可分

同一个马鞍上的人
——走的是一个方向

头发丝儿打结
——难解难分

玩具店里的娃娃
——有口无心

五月龙舟逆水去
——人人使劲；个个出力

香蕉结果
——抱成团

小朋友唱歌
——同(童)声同(童)调

小媳妇坐轿
——靠众人抬举；头一回

胸腹透视
——肝胆相照

胸口放磨盘
——推心置腹

胸口挂琵琶
——谈(弹)心

胸口烙饼
——一片热心肠；热心肠

胸口装马达
——一片热心肠；热心肠

雪里送炭
——暖人心

鸭子的脚板
——联(连)成一片

牙齿和舌头打架
——伤不了和气

烟囱站岗，铁将军把门
——全家都上

杨家将出征
——全家都上；男女老少齐上阵

一百个和尚念经
——异口同声

一条船上的旅客
——风雨同舟；同舟共济

一团乱纱
——难解难分

油浇蜡烛
——一条心

属暖水瓶的
——外冷里热

友谊情感

八月十五吃月饼
————上下有缘(圆)

芭蕉结果
————紧相连

白菜叶子炒大葱
————亲(青)上加亲(青)

百日无雨
————久有情(晴)

棒打鸳鸯
————难分开

抱着火炉拉家常
————句句暖心窝

背靠背睡觉
————体贴人

壁上的春牛
————离(犁)不得

鞭炮两头点
————想(响)到一块儿了

扁担两头挂箩筐
————成双成对

扁担挑柴火
————心(薪)挂两头

扁担挑水走滑路
————心挂两头

玻璃瓶当暖壶
————热乎一阵子

玻璃眼镜
————各投各眼；各对各眼

裁缝搬家
————依依(衣衣)不舍

茶馆里谈生意
————老交情

常春藤搭在墙头上
————难分难离

吃稀饭泡汤
————亲(清)上加亲(清)

穿紧身马褂长大的
————贴心

锤子打钎
————想(响)到一个点子上

春天的杨柳
————分外亲(青)

大门口挂灯笼
————一对儿

刀砍大海水
————难舍难分

东北的二人转
————一唱一和

肚里装公章
————心心相印

钝刀子切藕
————藕断丝连

多年的朋友
————老交情

坟前的石碑
————记生记死

父子猜拳
————爷俩好

刚出笼的糖包子
————热乎乎，甜蜜蜜

哥俩并坐
————亲密无间

关云长守嫂嫂
————情义为重

闺女遇见妈
　　　　——说不完的话；话语多
喝酒不吃菜
　　　　——各人心里爱
喝开水就菜
　　　　——各有所爱；各人所爱
河里的鸳鸯
　　　　——一对儿
红头绳穿铜钱
　　　　——心连心
红线穿灯草
　　　　——心连心
胡琴与琵琶合奏
　　　　——谈(弹)到一块儿去了
蝴蝶落在鲜花上
　　　　——恋恋不舍
黄土捏泥人
　　　　——你中有我，我中有你
火线上的战友
　　　　——患难之交
贾宝玉看林妹妹
　　　　——一见如故
尖扁担挑水
　　　　——心挂两头
将军买马
　　　　——两厢情愿
芥末拌凉菜
　　　　——各有所爱；各人所爱
借花献佛
　　　　——顺水人情
金鸡配凤凰
　　　　——天生的一对儿

近视眼戴眼镜
　　　　——各投各眼；各对各眼
镜子里夹相片
　　　　——形影不离；形影相随
枯藤缠大树
　　　　——生死相依；生死不离
快刀砍水
　　　　——难分开
腊月的井水
　　　　——热乎乎
老两口买眼镜
　　　　——各投各眼；各对各眼
老两口赏月
　　　　——平分秋色
老太婆的嘴
　　　　——说不完的话；话语多
老太太啃鸡筋
　　　　——扯也扯不开
雷婆找龙王谈心
　　　　——天涯海角觅知音
莲花并蒂开
　　　　——恰好一对
莲蓬结子
　　　　——心连心
梁山伯与祝英台
　　　　——生死相依；生死不离
梁山的兄弟
　　　　——志同道合
两把号吹成一个调
　　　　——想(响)到一块儿了
两只喇叭一个调
　　　　——想(响)到一块儿了

两个琵琶一个调

　　　　——谈(弹)到一块儿去了

两口子赶集

　　　　　　——志同道合

两人同穿一条裤子

　　　　　　——不分彼此

两响炮升天

　　　　——想(响)到一块儿了

烈士陵园的碑文

　　　　　　——记生记死

林子里的斑鸠

　　　　　　——一对儿

铃铛敲锣鼓

　　　　——想(响)到一块儿了

六月里吃生姜

　　　　　　——热乎乎

六月天烧炉子

　　　　　　——热火得很

萝卜地里栽韭菜

　　　　　　——各人心里爱

萝卜青菜

　　　——各有所爱；各人所爱

蚂蟥叮住水牛腿

　　　　　　——寸步不离

孟母三迁

　　　　　　——望子成龙

米粑粑粘砂糖

　　　　　　——难舍难分

米汤泡稀饭

　　　——亲(清)上加亲(清)

庙门前的石狮子

　　　　　　——一对儿

母鸡带小鸡

　　　　　　——寸步不离

南天门上请客

　　　　　　——高朋满座

年画上的春牛

　　　　　——离(犁)不得

牛吃卷心菜

　　　——各有所爱；各人所爱

牛郎配织女

　　　　——天生的一对儿

牛郎约织女

　　　　　　——后会有期

牛郎织女哭梁祝

　　　　　　——同病相怜

糯米面包饺子

　　　　　　——一捏就成

藕断丝不断

　　　　　　——离不开

泡泡糖粘住糯米饭

　　　　　——扯也扯不开

琵琶找二胡

　　　　　　——知音相求

七个人聚会

　　　　　　——三朋四友

前脚不离后脚

　　　　　　——紧相连

前脚与后脚

　　　　　　——寸步不离

敲锣紧跟打鼓的

　　　——想(响)到一个点子上

青藤缠树

——你中有我，我中有你；生死
　　　　　　　　　　相依

人行影子走

——寸步不离

三伏天烘火炭

——热火得很

三年不下雨

——久有情(晴)

山头上对歌

——一唱一和

身后的影子

——寸步不离

升不离斗，秤不离砣，筛子不离筐和箩

——各有各的搭档

生盐拌韭菜

——各有所爱；各人所爱

十步九回头

——难舍难分

双扇门上贴门神

——一对儿

水泊梁山的兄弟

——越打越亲热

水里的鸳鸯

——形影不离；形影相随；难舍难分

四面八方都有客

——朋友遍天下

铁球掉在江心里

——团圆到底

围着火炉谈心

——越说越热乎

莴笋炒蒜苗

——亲(青)上加亲(青)

我解缆绳你推船

——顺水人情

我心似你心

——心心相印

下山担柴

——心(薪)挂两头

香油炒白菜

——各有所爱；各人所爱

小二黑结婚

——情投意合

鞋不离袜

——不分彼此

兄弟二人猜拳

——哥俩好

绣花枕头

——一对儿

绣球配牡丹

——天生的一对儿

眼镜店里的交易

——各投各眼；各对各眼

演双簧的

——一唱一和

要饭的拜把子〔朋友结为兄弟姐妹〕

——患难之交

一对铃铛

——不见空得慌，见面就叮当

一副碗筷两人用

——不分彼此

一个病房的病友

——同病相怜

一个方凳坐两人

——亲密无间

一个锅里吃饭

——不分彼此

一个葫芦锯俩瓢

——恰好一对

一会念叨娃，一会想起妈

——心挂两头

一口吞了个鸡爪爪

——挂在心上

一口咬住烤红薯

——热乎乎，甜蜜蜜

一手拿针，一手拿线

——望眼欲穿

一张席子两人睡

——亲密无间

油盐罐子

——紧相连

有人讲盐咸，有人讲盐淡

——各有所爱；各人所爱

有人喜欢鸡，有人喜欢鸭

——各有所爱；各人所爱

又敲锣鼓又放炮

——想(响)到一块儿了

鸳鸯戏水

——成双成对

月光下散步

——形影不离；形影相随

张生遇见崔莺莺

——一见钟情

中秋过了闰八月

——团圆过了又团圆

周瑜打黄盖

——两厢情愿

竹林里栽柏树

——亲(青)上加亲(青)

走路看脚印

——一步一回头

做梦吃黄连

——想得苦

做梦吃馒头

——梦里见面

做梦割破胆

——想得苦

大胆敢勇

败将收残兵
——重整旗鼓

半空中用蒸笼
——气冲霄汉

半天云里演杂技
——艺高胆大

豹子进山
——浑身是胆

暴风雨中的航船
——顶风破浪

扁担做桅杆
——担风险

不挨皮鞭挨砖头
——吃硬不吃软

踩着高跷过独木桥
——艺高胆大

草原上跑马
——大有奔头

长江里的石头
——经过风浪

城楼上的雀儿
——耐惊耐怕

吃了豹子胆
——胆子不小；胆子大

吃了雷公的胆
——天不怕地不怕

出膛的子弹
——永不回头；决不回头

初生的牛犊
——不怕虎

穿山甲拱泰山
——攻(拱)不倒

从火坑里爬出来的好汉
——死里求生

大海里的鱼
——经过风浪

大路上长青草
——死里求生

大胖子上场
——挺身而出

大象嘴里拔牙
——胆子不小；胆子大

戴钢盔登脚手架
——硬着头皮上

戴钢盔爬树
——硬着头皮上

单枪匹马上阵
——孤胆英雄

刀刃上打滚
——身子硬

滴水穿石
——非一日之功

电线杆上耍把势
——艺高胆大

吊在房梁上的葱头
——皮焦根枯心不死

东山跑过驴，西山打老虎
——见过点阵势

豆腐堆里一块铁
——就数它硬

饿狼嘴里夺脆骨
——胆子不小；胆子大

风吹葵花
——不转向

刚出炉的纯钢
　　　　　——宁折不弯

刚出山的老虎
　　　　　——有点猛劲

钢板上钉铆钉
　　　　　——毫不动摇

高山滚石头
　　　　——永不回头；决不回头

高山上的青松
　　　　　——经得起狂风暴雨

孤舟出海
　　　　　——敢冒风险

光膀子出征
　　　　　——赤膊上阵

光膀子扛机枪
　　　　　——赤膊上阵

锅边上的油渣
　　　　——练(炼)出来的

过五关斩六将
　　　　　——气概非凡

海边的大雁
　　　　　——见过风浪

旱地的鱼虾
　　　　　——九死一生

好汉挨木棒
　　　　——痛死不开腔

喝海水长大的
　　　　　——见过风浪

喝西北风打饱嗝
　　　　　——硬挺

河中的礁石
　　　　　——顶风顶浪

虎窝里跑出个羊崽
　　　　　——虎口余生

黄连疙蔸当哨吹
　　　——苦中作乐；苦中取乐

黄连锅里煮人参
　　　　——从苦水里熬过来的

黄连木做笛子
　　　——苦中作乐；苦中取乐

黄连树下唱大戏
　　　——苦中作乐；苦中取乐

黄连树下弹琵琶
　　　——苦中作乐；苦中取乐

黄连树下抚瑶琴
　　　——苦中作乐；苦中取乐

黄连水煮米粥
　　　　——从苦水里熬出来的

黄鼠狼嘴下溜出的鸡
　　　　　——死里逃生

黄忠叫阵
　　　——不甘示弱；不服老

火烧芭蕉
　　　　——不死心；心不死

火烧茅草
　　　　——不死心；心不死

叫花子玩鹦哥
　　　——苦中作乐；苦中取乐

金刚石砌碉堡
　　　　　——坚不可摧

金刚钻钻瓷器
　　　　——一个比一个硬

进港的轮船
　　　　　——不怕风浪

开弓的箭
　　　　——永不回头；决不回头
口嚼黄连唱山歌
　　　　——苦中作乐；苦中取乐
苦楝树下弹琴
　　　　——苦中作乐；苦中取乐
腊月里的梅花
　　　　　　——傲霜斗雪
烂柿子换核桃
　　　　　——吃硬不吃软
狼窝里的羊
　　　　　——九死一生
榔头敲铁砧
　　　　　　——硬碰硬
老虎出山
　　　　　——浑身是胆
老虎当马骑
　　　　　——有胆有魄
老虎头上拉屎
　　　　　——好大的胆子
老虎头上撒辣椒
　　　　　——大胆泼辣
老鼠跟猫睡觉
　　　　　——练胆子
老鼠骑在猫身上
　　　　——好大的胆子
老鼠咬石柱
　　　　　——攻不倒
老头儿练拳脚
　　　　　——硬骨头
鲤鱼脱钩
　　　　　——死里逃生

镰刀割韭菜
　　　　——不死心；心不死
刘胡兰钻铡刀
　　　　　——宁死不屈
六点钟的分时针
　　　　　——顶天立地
马脱缰绳鸟出笼
　　——永不回头；决不回头
蚂蚁啃旗杆
　　　　　——攻不倒
卖馒头的掺石灰
　　　　　——面不改色
盲人进书房
　　　——不认输(书)
棉花棵上结板栗
　　　　　——就数它硬
庙里的金刚
　　　　　——大显神威
磨道里的驴
　　　　　——打出来的
木头上钉钉子
　　　——个个有钻劲
穆桂英挂帅
　　　　　——威风凛凛
拿着黄连当箫吹
　　——苦中作乐；苦中取乐
南天门上长大树
　　　　　——顶天立地
嫩竹扁担挑瓦罐
　　　　　——担风险
逆风逆水行舟
　　　　　——顶风破浪

青石上钉钉子
———硬钻

蜻蜓撼石柱
———毫不动摇

秋后的南瓜
———皮老心不老

三门峡的石峰
———中流砥柱

沙漠里的红柳
———不怕风雪

山坳上的松树
———饱经风霜

山里的石头
———雷打不烂，风吹不动

山坡上滚皮球
———永不回头；决不回头

山崖上的松柏
———饱经风霜

烧红的生铁
———越打越硬

舍身崖边弹琵琶
———临危不乱

生铁犁头
———宁折不弯

狮子头上捕苍蝇
———胆子不小；胆子大

拾芝麻满斗
———非一日之功

霜后的大葱
———不死心；心不死

说出的话牛都踩不烂
———硬邦邦

孙悟空保唐僧
———降妖拿怪

孙悟空过火焰山
———天大困难也不怕

孙悟空三打白骨精
———降妖拿怪

孙悟空跟随唐僧西天取经
———大显神威

太平洋的海鸥
———经过风浪

唐僧的徒弟
———个个是好汉

挑着缸钵走滑路
———担风险

铁杵〔chǔ〕磨绣针
———非一日之功

铁打的棒槌
———硬邦邦

铁打的饭碗
———砸不坏，摔不破

铁打的脑壳
———不转向

铁匠的砧子
———不怕敲打

铁匠铺的东西
———打出来的

铁匠使凿子
———斩钉截铁

铁路上的枕木
———经得住压力

铁人不怕棍
———身子硬

铁人遭棍打

————不屈不挠

铜墙铁壁

————坚不可摧

娃娃摆积木

————不成重〔chóng〕来

王八吃秤锤

————铁了心

屋檐下的大葱

————皮焦根枯心不死

武松打虎

————艺高胆大；气概非凡

武松衙门里去自首

————好汉做事好汉当

悬崖边上打太极拳

————临危不乱

驯服的骏马

————打出来的

牙医治牙病

————硬钻

阳伞虽破骨不差

————硬挺

药罐子里斗蛐蛐儿

————苦中作乐；苦中取乐

爷爷同孙子赛跑

————不服老

夜里攀险峰

————不顾生死

愚公移山

————非一日之功

运动场上赛标枪

————寸土必争

战场上拼刺刀

————短兵相接

张飞吃秤砣

————铁了心

赵子龙出征

———— 一身是胆；百战百胜

蜘蛛摆下八卦阵

————专捉飞来将

钟鼓楼上的麻雀

————耐惊耐怕

属芭蕉的

————皮焦根枯心不死

奋发向上

八十老翁赛干劲
———老当益壮

八十老翁学手艺
———老来发奋

八十岁考状元
———人老心不老

八十岁演员扮孩子
———返老还童

八月的柿子
———老来红

八月十五涨大潮
———一浪高一浪；后浪推前浪

拔节的高粱
———节节高；节节上升

拔节的玉米
———步步高升；步步登高

拔节的竹笋
———天天向上

百合田里栽甘蔗
———苦根甜苗

百斤担子加铁砣
———重任在肩；肩负重任

百岁老人学跳舞
———人老心不老

百万雄师下江南
———兴师动众；势不可当

半天云里响炸雷
———惊天动地

包谷蒸酒
———有股子冲劲；冲劲大

鼻梁上架望远镜
———目光远大

比赛场上的运动员
———争先恐后

鞭打千里驹
———快马加鞭

踩着地图走路
———一步十万八千里

长江里的波涛
———一浪高一浪；后浪推前浪

长江水万里浪
———波涛滚滚

长跑比赛
———分秒必争；争分夺秒

车屁股安发动机
———后劲大

城楼顶上放风筝
———起点高

出门坐飞机
———远走高飞

出膛的子弹
———勇往直前

出膛的子弹射出的箭
———一发而不可收

出土笋子逢春雨
———节节高；节节上升

穿过胡同上大街
———路子越走越宽

春天的蜜蜂
———闲不住

打开闸门的水
———滚滚向前

打着电筒走夜路
———前途光明

大海里的浪涛
———波澜壮阔

大海里的水
———永不自满

大海里行船
——乘风破浪

大海上起风暴
——波澜壮阔

大江东去
——永无休止

大轮船出海
——通行无阻；畅通无阻

大年三十的案板
——家家忙

大腿上挂篷帆
——一路顺风

大雨过后出太阳
——热气腾腾

担百斤行千里
——任重道远

刀尖上安翅膀
——飞快

倒吃甘蔗
——一节比一节甜

登着软梯子上飞机
——扶摇直上

电线杆子剔牙
——敢想敢干

雕花店里失火
——刻不容缓

顶风撑船
——上劲

顶风破浪上水船
——力争上游

斗鸡上阵
——劲头十足

斗笠穿孔
——出头之日到了

端午节赛龙舟
——争先恐后

对空射击
——热火朝天

二人转开演
——你追我赶

二踢脚的爆竹
——一声更比一声响

发洪水放木排
——赶潮流

发射出去的火箭
——扶摇直上

发射卫星上天
——一鸣惊人

返青的秧苗
——节节高；节节上升

飞奔的火车
——一日千里

飞机上军号响
——声震远方

飞毛腿赛跑
——快上加快；飞快

风筝脱了线
——扶摇直上

伏天下暴雨
——阵势大

扶着栏杆上楼梯
——稳步上升

刚揭盖的蒸笼
——热气腾腾

刚开瓶的啤酒
——有股子冲劲；冲劲大

刚开坛的老白干
——有股子冲劲；冲劲大

高楼平地起
——日新月异

高山顶上放大炮
——惊天动地

高山顶上放风筝
——起点高

高速公路
——通行无阻；畅通无阻

哥俩分家
——自食其力；各顾各

隔着锅台上炕
——非迈大步不可

狗撵〔niǎn〕兔子
——急起直追；奋起直追

关公当木匠
——大刀阔斧

关公斗李逵
——大刀阔斧

关公过五关
——没人敢拦

过了银桥过金桥
——越走越亮堂；越走越明

蛤〔há〕蟆过河
——一鼓作气

航天飞机出发
——远走高飞

耗子拖牛
——大干一场

黑夜里开火车
——前途光明

黄忠交朋友
——人老心不老

黄忠上阵
——老当益壮

火车出站台
——越跑越欢

火车进隧道
——长驱直入

火车拉笛
——上劲

火车头没灯
——前途无量(亮)

火车厢里赛歌
——高歌猛进

火车响汽笛
——一鸣惊人

火车站的轨道
——四通八达

火箭加油
——快上加快；飞快

火烧寒暑表
——直线上升

鸡叫启程
——越走越亮堂；越走越明

急需的图章
——刻不容缓

箭头离了弦
——勇往直前

蛟龙造反
——翻江倒海

脚踩火箭
——一跃而上

脚踏车挂飞轮
——快上加快；飞快

嚼着黄连登泰山
——不怕苦，不怕累

金刚石做钻头
——无坚不摧

决了堤的河水
——势不可当

骏马跑千里，银燕入云霄
——远走高飞

开弓不放箭
——跃跃欲试

空笼屉上锅
——不蒸馒头争(蒸)口气

口含黄连做事
——苦干

困鸟出笼
——展翅飞翔

蓝天的鸿雁
——展翅飞翔

捞到虾公还要鲤鱼
——好了还要更好

老大懒惰老二勤
——一不做，二不休

老掉牙的虎
——雄心在

老虎咬牛
——大干一场

老黄牛拉车
——埋头苦干

老牛出工
——浑身是劲

老太婆上台阶
——步步高升；步步登高

老太太坐电梯
——一步到顶

离地的火箭
——飞黄腾达

立春响雷
——一鸣惊人

两匹马并排跑
——并驾齐驱

两勤夹一懒
——一不做，二不休

龙王发脾气
——翻江倒海

龙王爷面前挑水
——敢想敢干

漏斗里装水
——永不自满

漏壶里灌水
——永不满足

骆驼走路
——昂首阔步

落雨天担禾草
——担子越来越重

麻鞋着水
——步步紧

马路上安电灯
——光明大道

蚂蚁的腿，蜜蜂的嘴
——一天忙到晚；闲不住

卖饺子的磨麦粉
——别开生面

卖了麦子买蒸笼
——不蒸馒头争(蒸)口气

满街挂灯笼
——光明大道

漫漫长征路
——任重道远

毛驴子拉车
——埋头苦干

穆桂英出征
——马到成功

嫩竹扁担挑起大箩筐
　　　　　——后生可畏

泥鳅上水
　　　　　——争先恐后

泥石流暴发
　　　　　——势不可当

逆水里行船
　　　　　——力争上游

逆水赛龙舟
　　　　　——力争上游

年轻人扛大梁
　　　　　——后生可畏

暖房里的菜畦〔qí〕
　　　　　——四季常青

盘古王耍板斧
　　　　　——老当益壮

胖子排横队
　　　　　——齐头并进

七十岁婆婆学绣花
　　　　　——老来发奋

骑兵打胜仗
　　　　　——马到成功

骑兵队长打冲锋
　　　　　马当先

骑兵追击
　　　　　——马不停蹄

骑马上山
　　　——步步高升；步步登高

气球上天
　　　　　——远走高飞

汽车长翅膀
　　　　——快上加快；飞快

千斤担子一人挑
　　　——重任在肩；肩负重任

千里马长翅膀
　　　　　——突飞猛进

墙上种黄连
　　　　　——埋头苦干

青出于蓝而胜于蓝
　　　　　——后来居上

清晨的云雀
　　　　　——展翅飞翔

秋天的木棉花
　　　　　——老来红

热蹄子马
　　　　　——闲不住

热天的扇子
　　　　——家家忙；闲不住

人造卫星上天
　　　　　——惊天动地

入伏的高粱
　　　　　——天天向上

入秋的高粱
　　　　　——老来红

赛马场上的冠军
　　　　　——一马当先

三伏天的庄稼
　　　　　——一天变个样

三十里地不换肩
　　　　　——担子越来越重

山顶乘凉
　　　　　——占上风

山顶上安电扇
　　　　　——占上风

山洞里的泉水
　　　——通行无阻；畅通无阻

山里的竹笋
———钻劲大；有股钻劲

山上的松柏
———四季常青

山上开梯田
———步步高

山中的瘦虎
———雄心在

上满发条的钟表
———分秒不息

上山爬台阶
———步步高升；步步登高

佘太君挂帅
———马到成功

盛开的杜鹃
———越来越红火

十天跑完万里长城
———一日千里

十月里的鸡冠花
———老来红

石膏店的老板
———白手起家

石灰厂开张
———白手起家

世界地图吞肚里
———胸怀全球

水里的蛤蟆
———一鼓作气

顺风扯满篷
———一帆风顺

顺风划船
———又快又省

顺梢吃甘蔗
———一节比一节甜

说风便是雨
———说干就干

说起风便扯帆
———说干就干

孙悟空翻跟头
———一步十万八千里

笋子变竹
———越来越高；节节高；节节上升

太平洋搬家
———翻江倒海

泰山顶上搭架子
———越来越高

坦克打冲锋
———有股闯劲

挑着担子长征
———任重道远

铁匠抡大锤
———甩开膀子大干

推小车上大坡
———只进不退；步步高升；步步登高

拖拉机加油
———来劲了

晚上干活
———披星戴月

卫星上天
———远走高飞

蚊子飞到电灯上
———弃暗投明

五更天烤火
———弃暗投明

五更天下海
———赶潮流

五月的山茶

——越来越红火

五月的石榴

——越来越红火

喜鹊跟着蝙蝠飞

——废寝忘食

下水放航

——一帆风顺

夏天的温度表

——直线上升

小伙子扛大梁

——浑身是劲

鞋头上刺花

——前程似锦

谢了花的南瓜

——一天比一天有长进；一天
比一天大

新辟的航道

——通行无阻；畅通无阻

行路人换草鞋

——弃旧图新

杏花村的酒

——后劲大

胸口挂邮包

——满怀信心

烟囱里的烟

——热火朝天

阳春三月的桃花

——越来越红火

爷爷住茅屋，爸爸盖瓦房

—— 一代比一代强；一辈强似
一辈

一脚踏进云端里

—— 一跃而上

一月穿三十双鞋

——日日新

银锤打在金锣上

—— 一声更比一声响

原子弹爆炸

—— 一鸣惊人

运动员下跑场

——你追我赶

芝麻开花

——节节高；节节上升

住着瓦房，望着高楼

——好了还要更好

砖头砌墙

——后来居上

卒子过河

——只进不退

祖孙回家

——返老还童

坐飞机唱戏

——高歌猛进

坐着飞机放声唱

——高歌猛进

坐着火箭登天

——直线上升

聪明好学

阿庆嫂倒茶
　　　　——滴水不漏；点滴不漏
八级工拜师傅
　　　　——精益求精
八级工学技术
　　　　——精益求精
八十岁的公公耍猴子
　　　　——老手
八十岁老头学打球
　　　　——老练
八仙过海
　　　　——各显其能；各显神通
巴掌砍树
　　　　——快手
巴掌上摊煎饼
　　　　——巧手；好手
巴掌心煎鸡蛋
　　　　——巧手；好手
巴掌心里长胡须
　　　　——老手
靶场上的老黄忠
　　　　——百发百中
白纸做的灯笼
　　　　——一点就亮
百鸟展翅
　　　　——各显其能；各显神通
斑鸠吃萤火虫
　　　　——肚里亮堂
斑马的脑袋
　　　　——头头是道
半空中点灯
　　　　——高明

半空中挂剪刀
　　　　——高才(裁)
半空中数指头
　　　　——算得高
半天云里打灯笼
　　　　——高明
半天云里翻账簿
　　　　——算得高
半天云里拍巴掌
　　　　——高手
半天云里做衣服
　　　　——高才(裁)
扮猪吃老虎
　　　　——大智若愚
棒槌里插针
　　　　——粗中有细
包老爷办案
　　　　——明察秋毫
包元宵的做烙饼
　　　　——多面手
保险柜挂大锁
　　　　——万无一失
鼻梁上架望远镜
　　　　——眼光远
鼻头上摆摊子
　　　　——眼界宽
鼻子上挂灯笼
　　　　——明眼人
变戏法的本领
　　　　——全凭手快
变戏法的功夫
　　　　——手疾眼快

兵来将挡，水来土掩
——各有一技之长；各有所长

玻璃杯盛雪
——明明白白；明白

玻璃窗里看戏
——一眼看透；一眼看穿

玻璃灯笼
——里外明

玻璃娃娃
——明白人

玻璃心肝水晶人
——明白人

脖子上安轴承
——脑袋灵活得很

裁缝铺的衣服
——一套一套的

裁缝师傅手艺巧
——全靠真(针)功夫

菜刀切豆腐
——不费力；不费劲

菜刀切藕
——心眼儿多；心眼儿不少

草船借箭
——巧用天时

草原上的百灵鸟
——嘴巧

茶壶里煮饺子
——肚里有货

长颈鹿的脑袋
——高人一头

车站的铁轨
——条条是路；条条是道

城头上放风筝
——出手高

程咬金的斧头
——有两下子

吃棉花拉线团
——肚里有文章

吃桑叶吐丝
——肚里有货

丑八怪演花旦
——别出心裁

厨师熬粥
——难不住

穿钉鞋走泥路
——步步有点

穿节的竹筒
——灵通起来了

从糠里能熬出油来
——是把好手

打灯笼上门台
——越来越高明

打开棺材治好病
——起死回生

打鸟瞄得准
——一目了然

打蛇打到七寸上
——击中要害

大吊车吊灯草
——轻拿；大材小用

大肚罗汉写文章
——肚里有货

大力士进了铁匠铺
——样样拿得起

大力士耍灯草
　　　　——轻而易举

大炮上刺刀
　　　　——远近全能对付

大巧背小巧
　　　　——巧上加巧

大师傅熬稀粥
　　　　——不在话下

大师傅下伙房
　　　　——来了行家

大嘴巴吃西瓜
　　——滴水不漏；点滴不漏

刀劈毛竹
　　　　——迎刃而解

灯笼照火把
　　　　——亮对亮

电话局里的话务员
　　　　——耳听八方

电锯开木头
　　　　——当机立断

电线杆顶上雕花
　　　　——手艺高

电线杆上吊暖壶
　　——高水平(瓶)；水平(瓶)高

电线杆上耍把势
　　　　——武艺高；本领高

电子显微镜
　　　　——明察秋毫

碟子里的清水
　　——一眼看透；一眼看穿

碟子里盛清水
　　　　——一眼看到底

冬天不戴帽子
　　　　——动(冻)脑筋

豆腐渣下水
　　　　——轻松；散了

堵住笼子抓鸡
　　　　——稳拿

赌徒的嘴巴
　　　　——尽说到点子上

肚脐眼儿长笋子
　　　　——胸有成竹

肚脐眼儿里藏书
　　　　——满腹经纶

肚脐眼儿里通电
　　　　——心明眼亮

肚子里撑船
　　　　——内行(航)

肚子里打灯笼
　　——自己心里明白；自己明白

端着水瓢吃西瓜
　　——滴水不漏；点滴不漏

短的当棒槌，长的做房梁
　　　　——各有一技之长

钝刀子磨光
　　　　——化不利为有利

多年的师傅
　　　　——老把势

峨眉山上的猴子
　　　　——精灵得很

额头上长眼睛
　　　　——眼界高

额头上挂钥匙
　　　　——开眼界

二姑娘绣荷包
——细功夫

二郎神的慧眼
——有远见

二十岁长胡子
——少年老成

二十岁当博士
——初露头角

房梁上挂水壶
——高水平(瓶)；水平(瓶)高

飞机上摆手
——高招

飞机上出点子
——主意高

飞机上吹喇叭
——高明(鸣)

飞机上打拳
——高手

飞机上发议论
——高见

飞机上放风筝
——出手高

飞机上挂电灯
——高明

飞机上挂剪刀
——高才(裁)

飞机上会朋友
——高见

飞机上盘点
——算得高

飞鸟看出雌雄来
——好眼力；眼力好

飞燕穿云
——轻松

风车耳朵摇车心
——转得快

风刮尘土
——不费吹灰之力

隔山看见蚊虫飞
——好眼力；眼力好

跟诸葛亮学的本事
——能掐会算

狗熊耍扁担
——有一套

古董店里的老板
——眼里识货

古董贩子
——眼里识货

谷子地里长高粱
——冒尖

关公吃尺
——肚里有分寸

滚珠子脑壳
——脑袋灵活得很

蛤〔há〕蟆吃萤火虫
——心里亮；肚里明

海军的衬衫
——道道儿多

韩信背水之战
——以弱胜强

旱田里的泥鳅
——钻得深

喝磨刀水长大的
——内秀(锈)

荷包里的东西
　　　　　——十拿九稳
荷花灯里点蜡烛
　　　　　——心里亮；肚里明
黑漆灯笼
　　　　　——心里亮；肚里明
猴子骑骆驼
　　　　　——高人一筹
葫芦瓢捞饺子
　　　　　——滴水不漏；点滴不漏
花果山的美猴王
　　　　　——个儿小本领强
华佗施医术
　　　　　——起死回生
华佗治病
　　　　　——手到病除；妙手回春
画龙点睛
　　　　　——功夫到家了
黄豆地里带芝麻
　　　　　——点子多；点子不少
黄豆切细丝
　　　　　——功夫到家了
火车出山洞
　　　　　——豁然亮堂
火车站的铁轨
　　　　　——道道儿多
机关枪打飞机
　　　　　——水平提高了
济公的扇子
　　　　　——神通广大
姜太公算卦
　　　　　——未卜先知

金刚钻头
　　　　　——过得硬
金铸的孩童
　　　　　——人才好；好人才
井底的蛤蟆上井台
　　　　　——大开眼界
井底下打拳
　　　　　——工夫深
井底下看书
　　　　　——学问不浅
井底下写文章
　　　　　——学问不浅
井底下种花生
　　　　　——根底深
开了闸的电灯
　　　　　——豁然亮堂
开水锅里伸胳膊
　　　　　——熟手；手熟
开水里捞肥皂
　　　　　——全凭手快
空中打算盘
　　　　　——算得高
空中伸巴掌
　　　　　——高手
孔夫子唱戏
　　　　　——出口成章
孔夫子的嘴巴
　　　　　——出口成章
孔夫子挂腰刀
　　　　　——能文能武；文武双全
孔明大摆空城计
　　　　　——化险为夷

赞颂表扬

八宝鸭子
——好的在里面

八月的苦瓜
——心里红

八月的柿子
——越老越红

八月桂花开
——到处飘香

八月间的地瓜
——又白又嫩

八月十五的海浪
——高超(潮)

八月十五的月亮
——众人仰望

八月十五桂花香
——花好月圆

白天的太阳，夜晚的月亮
——独一无二

百花争艳
——各有异彩

柏油马路过牛车
——稳稳当当；稳当当的

败家子回头
——金不换

扳手敲轮胎
——真棒

扳着指头算账
——数一数二

半斤对八两
——不相上下

半空中响锣鼓
——名(鸣)声远扬；远近闻名
(鸣)

半天云里出亮星
——吉星高照

半天云中吊铜锣
——落到哪里都响当当

蚌里藏珍珠
——好的在里面

棒打鸭子
——呱呱叫

包单布洗脸
——大方

包袱皮儿当毛巾
——大方

包公放粮
——为穷人着想

包公铡包勉
——正人先正己

包脚布裹金条
——内贵外贱

包子吃到豆沙边
——尝到甜头

宝塔顶上的宝葫芦
——尖上拔尖

鼻子下面挂电灯
——闻名(明)

笔管里打瞌睡
——细人

扁担挑彩灯
——两头美

扁担挑灯笼
——两头美

玻璃袜子玻璃鞋
——名角(明脚)

不见兔子不撒鹰
——做事稳当

财神爷叫门
——天大的好事

裁缝师傅做衣服
——有尺寸

餐桌上的菜
——人见人爱

草船借箭
——满载而归

搽胭脂坐飞机
——美上天了

长白山的野人参
——越老越好

长工血汗钱
——来之不易

长颈鹿的脑袋
——突出

长空响炸雷
——天下闻名(鸣)

唱戏的掉眼泪
——可歌可泣

唱戏的拿掸子
——不是凡人

城门楼上的麻雀
——见过大世面

乘字底下丢了人
——真乖

秤杆打人
——有斤两

秤砣跌钢板
——落地有声

秤砣敲钢板
——响当当；当当响

吃了生姜嚼黄连
——辛苦了

吃甜的有蜜糖，吃辣的有辣汤
——各对口味儿

臭豆腐下油锅
——有点香

出了笼的黄雀
——自由自在

出土文物
——宝贝疙瘩

初晴露太阳
——重见天日

初升的太阳
——光芒四射

初一早上放鞭炮
——正适时

穿不破的鞋
——底子好

穿钉鞋走钢板
——走一路响一路

穿新衣逛新城
——样样新鲜

船工租船游西湖
——划得来

窗户眼吹喇叭
——名(鸣)声在外

窗口插桂花
——里外香

床单做洗脸巾
——大方

春天的毛毛雨
——贵如油

此曲只应天上有

——不同凡响

打靶射中靶心

——恰好；恰到好处

打酒只问提壶人

——没错；错不了

打瞌睡的捡了个枕头

——称心如意

打蛇打到七寸上

——恰好；恰到好处

大吊车吊灯草

——轻巧

大海里的灯塔

——指明航程；光芒四射

大河里洗手

——干干净净

大槐树下挂灯笼

——四方有名(明)

大街上的霓虹灯

——引人注目；光彩夺目

大理石做门匾

——牌子硬

大力士背碾盘

——好大的力气；劲大；劲不小

大路边的牡丹

——众人共赏

大轮船下锚

——稳稳当当；稳当当的

大麦芽做饴糖

——好料子

大门口挂红灯

——美在外

大门楼里敲锣鼓

——里外有名(鸣)声

大门上贴画儿

——美在外

大水冲了菩萨

——绝妙(庙)

大腿上挂铜锣

——走到哪，响到哪

大象走路

——稳稳当当；稳当当的

戴大红花回朝

——大功告成

当娘的打扮小闺女

——入细入微

稻草盖珍珠

——内贵外贱

电灯照鹿头

——名(明)角

电灯照墙角

——名(明)角

电灯照在转弯处

——名(明)角

雕花师傅戴眼镜

——精雕细刻

跌跟头捡金条

——运气好

东边下雨西边晴

——各有天地

渡船过河

——划得来

端午节包粽子

——有棱有角

囤顶插旗杆
——尖上拔尖

二更梆子敲两下
——正是时候；没错；错不了

二十四磅榔头敲钢板
——响当当；当当响

翻船抓到救生圈
——绝处逢生

饭店里卖服装
——有吃有穿

饭桌上的盘子
——没把柄

飞机上过秤
——高标准

飞机上卖牛黄
——高贵得很

飞机上扔铃铛
——落到哪里都响当当

飞机上生孩子
——高产

风吹钟声花里过
——又响又香

风刮帽子扣麻雀
——意外收获

蜂糖蒸核桃仁
——又甜又香

服装店里开饭店
——有吃有穿

干塘里摸鲤鱼
——难得；得之不易

甘蔗林里种香瓜
——从头甜到脚

赶早市买活鱼
——新鲜

橄榄头上插针
——尖上拔尖

刚出水的虾子
——活蹦乱跳

高空中演杂技
——众人仰望

高山顶上放大炮
——名(鸣)声高

高山滚石头
——大翻身

高山上打铜锣
——四方闻名(鸣)

高山上的雪莲
——不可多得

高山上挂红灯
——有名(明)望

戈壁滩上的泉水
——格外珍贵

隔门缝吹喇叭
——名(鸣)声在外

公园里的猴子
——众人共赏

狗撵〔niǎn〕鸭子
——呱呱叫

古董店里的珍宝
——越老越好

谷子地里长高粱
——出人头地

故宫里的国宝
——样样好

瓜瓢里点灯
——漂(瓢)亮

关门打锣
——名(鸣)声在外

观音菩萨
——年年十八

冠军和亚军
——数一数二

罐头食品
——吃得开

滚水泡茶
——又香又浓

过江遇渡船
——凑巧了；赶得巧；正好

过滤了的空气
——新鲜

蛤〔há〕蟆的眼睛
——突出

韩湘子的花篮
——要啥有啥

旱苗得雨
——正逢时

红绸子包山楂
——里外红

猴子翻跟头
——轻巧

花岗岩做招牌
——牌子硬

花园里的蝴蝶
——多姿多彩

花园里的牡丹
——出类拔萃

华佗行医
——名不虚传

怀里揣黄连
——辛(心)苦

黄豆地里的西瓜
——数它大

黄河的水，长江的浪
——源远流长

黄连拌生姜
——辛苦

会说话的鹦鹉
——又乖又巧

火车拉笛
——名(鸣)声大

货郎背包串乡
——没挑的

货郎的担子
——要啥有啥；样样有；样样
不缺

饥饿送口粮
——帮了大忙

鸡窝里的凤凰
——至高无上

家里请吹鼓手
——名(鸣)声在外

贾宝玉的通灵玉
——命根子

将军凯旋
——大功告成

脚底板儿上绑大锣
——走到哪，响到哪

节日的牌坊
——面貌一新

姐俩出嫁
——各得其所

借了一角还十分
——分文不差

金棒槌敲门
——富啦

金瓜对银瓜
　　——两个顶呱呱

金戒指上镶宝石
　　——好上加好

金鱼的眼睛
　　——突出

金铸的鞋模
　　——好样子；样子好

锦上添花
　　——好上加好

精雕的玉人
　　——十全十美

井底雕花
　　——深刻

景德镇的瓷器
　　——名扬四海

九月的柿子
　　——红透了

举世无双的珍宝
　　——独一无二

客厅里放盆火
　　——满堂红

孔雀开屏
　　——美不胜收

口渴吃酸梅
　　——对口味儿

口渴遇甘泉
　　——正合心意；正合适

枯木刻象棋子儿
　　——老兵老将

筷子夹豌豆
　　——不可多得

矿工下井
　　——头名(明)

昆仑山上的灵芝草
　　——无价之宝

烂边礼帽
　　——顶好

烂麻袋装珍珠
　　——好的在里面

烂套包黄金
　　——内中有宝

狼也跑了，羊也保了
　　——两全其美

浪子回头
　　——金不换

老虎打瞌睡
　　——机会难得；难得的机会

老奶奶吃软柿子
　　——正好

老牛打滚
　　——大翻身

老牛拉车
　　——稳稳当当；稳当当的

老寿星的脑袋
　　——宝贝疙瘩

老鼠拖油瓶
　　——好的在里面

老太婆坐牛车
　　——稳稳当当；稳当当的

鲤鱼跳龙门
　　——大翻身

刘备遇孔明
　　——如鱼得水

流浪汉坐远洋轮
　　——四海为家

琉璃瓦盖寺庙
　　——顶好

六月的荷花
　　　　　　——众人共赏

六月六看谷穗
　　　　　　——出了头

六月天下雪
　　　　　　——难得；得之不易

鲁班的锯子
　　　　　　——不错(锉)

鲁智深倒拔垂杨柳
　——好大的力气；劲大；劲不小

绿绸衫上绣牡丹
　　　　　　——锦上添花

绿豆里找红豆
　　　　　　——难得；得之不易

洛阳的牡丹
　　　　　　——名不虚传

麻雀走路
　　　　　　——新鲜事

麻油拌凉菜
　　　　　　——有点香

马脖上挂铜铃
　　　　　——走到哪，响到哪

马脖子上的铜铃
　　　　　——响当当；当当响

马镫子钉掌
　　　　　　——空前绝后

马放南山，刀枪入库
　　　　　　——天下太平

马拉汽车
　　　　　　——新鲜事

马群里的骆驼
　　　　　　——突出

马戏团的小丑
　　　　　　——引人注目

买金的遇见卖金的
　　　　　　——正合适

麦秆里睡觉
　　　　　　——细人

麦芒穿针眼
　　　　　　——难得；得之不易

麦芒掉进针鼻
　　　——凑巧了；赶得巧；正好

满园的牡丹
　　　　　　——讨人爱；爱煞人

帽子里藏知了
　　　　　　——头名(鸣)

帽子没沿
　　　　　　——顶好

没有边的草帽
　　　　　　——顶好

门口喜鹊叫
　　　　　　——红运将至

迷途望见北斗星
　　　　　　——绝处逢生

蜜里调〔tiáo〕油
　　　　　　——又甜又香

棉袄换皮袄
　　　　　　——越变越好

棉花堆里藏珍珠
　　　　　　——内中有宝

名牌货便宜卖
　　　　　　——物美价廉

摩天岭上卖珍宝
　　　　　　——高贵

木匠做家具
　　　　　　——有尺寸

木棉开花
　　　　　　　　——红红火火

拿着手镯敲铜锣
　　　　—— 一手拿金，一手抓银

男儿的田边，女儿的鞋边
　　　　　　　　——好看

南京路上的霓虹灯
　　　　　　　　——光彩夺目

南泥湾开荒
　　　　　　　　——自给自足

脑袋上点灯
　　　　　　　　——头名(明)

脑壳上顶娃娃
　　　　　　　　——抬举人

脑门上长瘤子
　　　　　　　　——突出

闹市区做生意
　　　　　　　　——买卖兴隆

年富力强挑大梁
　　　　　　　　——正逢时

鸟枪换炮
　　　　　　　　——越变越好

牛背上翻跟头
　　　　　　　　——有点硬功夫

牛角挂稻草
　　　　　　　　——轻巧

牛瘦骨不瘦
　　　　　　　　——底子好

牛尾巴拍苍蝇
　　——凑巧了；赶得巧；正好

牛羊入圈鸟落窝
　　　　　　　　——各得其所

跑了虾子捉到鲤鱼
　　　　　　　　——格外好

盆子里摆山水
　　　　　　　　——清秀

捧着鲜花坐飞机
　　　　　　　　——美上天了

皮匠不带锥子
　　　　　　　　——真(针)好

婆婆穿花鞋
　　　　　　——赶时兴；赶时髦

破土的春笋
　　　　　　　　——拔尖

剖鱼得珠
　　　　　　　　——格外珍贵

骑在房梁上吹喇叭
　　　　　　——名(鸣)声在外

千里驹送信
　　　　　　　　——快当

千年槐下乘凉
　　　　　　——托前人的福

钳工师傅摆手
　　　　　　　　——没有错(锉)

墙里开花墙外红
　　　　　　　　——美名在外

荞麦皮装枕头
　　　　　　　　——正经货

俏大姐坐飞机
　　　　　　　　——美上天了

俏媳妇戴凤冠
　　　　　　　　——好上加好

秦始皇修长城
　　　　　　　　——千古奇迹

欢喜快乐

八里庄的萝卜
　　　　——心里美

百灵鸟唱歌
　　　　——自得其乐

百灵戏牡丹
　　　　——鸟语花香

百岁老人做大寿
　　　　——四世同堂

半道上捡麒麟
　　　　——乐不可支；喜从天降

包公铡陈世美
　　　　——大快人心

抱着枕头跳舞
　　　　——自得其乐

被窝里听收音机
　　　　——自得其乐

冰糖蘸蜜
　　　　——甜上加甜；甜透了

冰糖蒸荔枝
　　　　——甜上加甜；甜透了

冰糖做药引子
　　　　——苦尽甜来

财神爷叫门
　　　　——好事临头

财神爷摸脑壳
　　　　——好事临头

财神招手
　　　　——好事临头；来福了

常胜将军临敌
　　　　——旗开得胜

吃蜂蜜戴红花
　　　　——甜美

吃过黄连喝蜂蜜
　　　　——苦尽甜来

吃了开心药
　　　　——合不拢嘴；咧开了嘴

吃了喜鹊蛋
　　　　——乐开怀

初升的太阳
　　　　——一片红火；红火一片

除夕吃团年饭
　　　　——皆大欢喜

春天的石榴花
　　　　——一片红火；红火一片

打翻了蜜罐子
　　　　——甜滋滋的

大姑娘荡秋千
　　　　——欢跃欲飞

大年初一生娃娃
　　　　——双喜临门

大年初一贴"福"字
　　　　——吉庆有余

大年三十的焰火
　　　　——万紫千红

倒吃甘蔗
　　　　——节节甜

得胜的猫
　　　　——欢似虎

得势的狸猫
　　　　——欢似虎

电线杆上挂邮筒
　　　　——高兴(信)

肚脐眼插钥匙
　　　　——开心

端午节划龙舟
　　　　——载歌载舞

饿牛见草地
　　　　——陡增欢喜

儿子成亲父做寿
　　　　——好事成双

房上喜鹊叫喳喳
　　　　——好事临头

飞机上吊邮筒
　　　　——高兴(信)

飞机上扭秧歌
　　　　——载歌载舞

夫妻俩种甘蔗
　　　　——甜蜜的事业

甘蔗出土
　　　　——节节甜

甘蔗皮编席子
　　　　——甜蜜(密)

刚出山的太阳
　　　　——红光满面

孤子遇亲人
　　　　——喜出望外

鼓乐齐鸣
　　　——吹吹打打；又吹又打

关住门唱歌
　　　　——自得其乐

过冬的田螺遇春水
　　　　——扬眉吐气

过年吃团圆饭
　　　　——济济一堂

红苕熬成糖
　　　——甜上加甜；甜透了

侯宝林说相声
　　　　——令人捧腹

猴子吃仙桃
　　　　——眉飞色舞

花棒棒打锣
　　　　——有声有色

画笔敲鼓
　　　　——有声有色

欢心歌儿唱不尽
　　　　——其乐无穷

火爆玉米
　　　　——开心

火车上跳舞
　　　　——载歌载舞

火炉里撒盐巴
　　　　——热闹

火烧战船
　　　　——满江红

叫花子打哈哈
　　　　——其乐无穷

叫花子拾金条
　　　　——乐不可支

节日摆宴席
　　　　——济济一堂

节日的礼花
　　　　——万紫千红

久旱得雨
　　　　——喜从天降

久旱逢甘雨
　　　——人人喜欢；个个喜爱

空中掉馅饼
　　　　——喜从天降

口渴喝了酸梅汤
　　　　——心里美滋滋；爽快
哭孩子得了个洋娃娃
　　　　——破涕为笑
老来得子
　　　　——大喜
老太太得孙子
　　　　——大喜
擂鼓吹唢呐
　　　　——吹吹打打；又吹又打
冷天吞了热汤圆
　　　　——身上暖烘烘，心上甜滋滋
两台大戏对着唱
　　　　——热闹非凡；好热闹
林中的百灵鸟
　　　　——唱唱跳跳
六月里吃西瓜
　　　　——甜在心上；甜透了心
绿豆换米
　　　　——各有一喜
锣鼓喇叭一齐上
　　　　——吹吹打打；又吹又打
洛阳的牡丹
　　　　——人人喜欢；个个喜爱
马背上的剧团
　　　　——载歌载舞
漫山的杜鹃
　　　　——一片红火；红火一片
帽子抛空中
　　　　——欢喜若狂
弥勒佛的脸蛋
　　　　——笑眯眯

弥勒佛请客
　　　　——笑脸相迎
庙里的菩萨
　　　　——笑容可掬
南京路上的霓虹灯
　　　　——五光十色
牛郎会织女
　　　　——喜相逢
苹果掉在箩筐里
　　　　——乐(落)在其中
剖鱼得珠
　　　　——喜出望外
七仙女放焰火
　　　　——天女散花
骑着骆驼吃包子
　　　　——乐颠了馅儿
千里遇知音
　　　　——喜相逢
敲开了的木鱼
　　　　——合不拢嘴；咧开了嘴
清晨的太阳
　　　　——红火
秋天的棉桃
　　　　——合不拢嘴；咧开了嘴
染房里吹笛子
　　　　——有声有色
热锅上的黄豆
　　　　——蹦得欢
赛场上获金牌
　　　　——可喜可贺
三把钥匙挂胸膛
　　　　——开心开心真开心

三伏天喝冰水
——美滋滋的；心里美滋滋
三月里扇扇子
——满面春风；春风满面
沙瓤西瓜吃到嘴
——甜在心上；甜透了心
砂糖蘸蜂蜜
——甜上加甜；甜透了
盛开的木棉花
——一片红火；红火一片
狮子龙灯一起耍
——热闹非凡；好热闹
十年无战事
——安居乐业
十套锣鼓一齐敲
——热闹
十字街头遇亲人
——巧相逢
熟透的甘蔗
——节节甜
熟透了的石榴
——合不拢嘴；咧开了嘴
数九寒天一盆火
——人人喜欢；个个喜爱
摔跤捡金条
——喜出望外
霜打的柿子
——甜上加甜；甜透了
糖葫芦蘸〔zhàn〕蜜
——甜上加甜；甜透了
桃树林里种甘蔗
——甜甜蜜蜜

跳伞爱好者
——喜从天降
娃娃逗娃娃
——嘻嘻哈哈
娃娃过年
——快活极了；真快活；蹦得欢
娃娃见了娘
——笑逐颜开；喜笑颜开
娃娃拿到新玩具
——爱不释手
娃娃上了飞机
——欢跃欲飞
娃娃坐飞机
——欢天喜地
王母娘娘得子
——天大喜事
围着火炉吃西瓜
——身上暖烘烘，心上甜滋滋
喜鹊登枝喳喳叫
——无喜乐三分
喜鹊回窝凤还巢
——安居乐业
戏台上着火
——热闹非凡；好热闹
下巴骨脱臼
——合不拢嘴；笑惹的祸
向阳的石榴
——一片红火；红火一片
小姑娘逗娃娃
——嘻嘻哈哈
小磨香油拌凉菜
——人人喜欢；个个喜爱

小娃娃放炮仗
———又惊又喜

新媳妇到家
———喜气盈门

胸膛开鲜花
———心里美

胸窝里栽牡丹
———心花怒放

秀才看榜
———又惊又喜

宣传车演节目
———载歌载舞

阳春三月的桃花
——一片红火；红火一片

摇着扇子聊天
———谈笑风生

异乡遇亲人
———喜之不尽；喜相逢

鹦鹉遇见百灵鸟
——又说又唱；说说唱唱

渔夫赶上鱼汛，猎手赶上兽群
———喜之不尽

雨后彩虹
———五光十色

雨后的花园
———万紫千红

雨花台的石子
———五光十色

雨水滴在坛子里
———乐(落)在其中

玉帝娶亲
———天大喜事

钥匙挂胸口
———开心

早起碰见抬轿的
———出门见喜

眨眼打哈欠
———扬眉吐气

正月初一过生日
———双喜临门

织女配牛郎
———欢天喜地

方法智慧

案上砍骨头
——干脆利索

八仙桌当井盖
——随方就圆；随得方就得圆

芭蕉敲鼓
——面面点到

百货店里的鞋袜
——各有尺码

摆龙门阵抱娃娃
——两不耽误；两得其便

扳手紧螺帽
——丝丝入扣

板凳上放窝窝头
——有板有眼

板上敲钉子
——稳扎稳打

抱着黄连做生意
——苦心经营

背方桌下井
——随方就圆；随得方就得圆

比着被子伸腿
——量力而行

闭着眼睛哼曲子
——心里有谱

冰槽里冻黄瓜
——干脆；干干脆脆

兵来将挡，水来土掩
——各有各的办法；各司其职

裁缝戴眼镜
——见缝插针

裁缝拿线
——认真(纫针)

裁缝师傅戴眼镜
——认真(纫针)

裁缝师傅手中忙
——穿针引线

裁缝做衣服
——因人而异

踩着石头过河
——脚踏实地

长江黄河流入海
——殊途同归

长颈鹿脖子仙鹤腿
——各有所长

长衫改夹袄
——取长补短

长添灯草满添油
——早作准备

唱戏的教徒弟
——幕后指点

车有车道，船有航道
——各有各的路

扯秧子摘黄瓜
——两不耽误；两得其便

趁水和泥，趁火打铁
——一举两得

趁下雨和泥
——顺便

城门楼上吊大钟
——群众观点

秤杆上的准星
——分得出斤两

秤钩打针
——以曲求伸

吃辣的送海椒，吃甜的送蛋糕
——投其所好

吃了算盘珠
　　——心中有数；肚里有数
穿钉鞋拄拐棍
　　——步步扎实
穿钉鞋走泥路
　　——步步扎实
船老大坐后艄
　　——看风使舵
吹糠见米
　　——本小利大
打蛇打到七寸上
　　——抓住了关键
打枣捎带粘知了
　　——一举两得
大葱剥皮
　　——层层深入
大海里捕鱼，深山里打猎
　　——各吃一方
大街上挂钟
　　——群众观点
大口啃住包子馅儿
　　——抓重点
大师傅打蛋
　　——各个击破
大腿上贴商标
　　——走到哪宣传到哪
大象的鼻子
　　——能屈(曲)能伸
大小号齐奏
　　——双管齐下
大雨天上房
　　——找漏洞
弹簧身子蚂蟥腰
　　——能屈(曲)能伸

刀劈毛竹
　　——一分为二；干脆利索；干
　　　净利索
捣蒜剥葱
　　——各管一工
凳子上钻窟窿
　　——有板有眼
钓鱼钩变成针
　　——以曲求伸
东方打雷西方雨
　　——声东击西
东放一枪，西打一棒
　　——声东击西
肚里吃进鞋帮
　　——心里有底
锻工的榔头
　　——趁热打铁
对着靶子射箭
　　——有的放矢
飞机上放广播
　　——想(响)得远
飞行员跳降落伞
　　——随机应变
赶场做买卖
　　——随行就市
高山有好水，平地有好花
　　——各有所长
高射炮手
　　——见机行事
胳膊当枕头
　　——自己靠自己；自靠自

隔山打隧道

　　　　　——里应外合

公鸡打鸣，母鸡下蛋

　　　　　——各尽其责；各尽其职

狗吃麻花

　　　　　——干脆；干干脆脆

狗嘴里丢骨头

　　　　　——投其所好

姑娘的线蛋子

　　　　　——有头绪

姑娘收拾的行李

　　　　　——有条不紊；井井有条

姑娘绣荷包

　　　　　——专心致志

鼓槌打石榴

　　　　　——敲到点子上

管家婆的鸡蛋

　　　　　——心中有数；肚里有数

光脚丫子走刺蓬

　　　　　——小心在意

过河洗脚

　　　　　——一举两得

海蜇皮送酒

　　　　　——干脆；干干脆脆

好汉不吃眼前亏

　　　　　——识时务

猴子爬杆狗钻圈，黄鼠狼专钻
水道眼儿

　　　　　——各有各的门道

皇帝的女儿招驸马

　　　　　——拣好的挑

会计戴眼镜

　　　　　——精打细算

火车进站

　　　　　——各行其道

火车站挂钟

　　　　　——群众观点

火烧房子还瞧唱本

　　　　　——沉着；沉得住气

江湖佬耍猴子

　　　　　——名堂多

狡兔撞鹰

　　　　　——以攻为守

脚绑石头走路

　　　　　——求稳不图快

叫花子拨算盘

　　　　　——穷有穷打算

截了大褂补裤子

　　　　　——取长补短

姐俩回娘家

　　　　　——殊途同归

借风过湖

　　　　　——趁机行事

借他的缰绳拴他的驴

　　　　　——将计就计

金蝉脱壳

　　　　　——干脆利索；干净利索

砍树的砍树，劈柴的劈柴

　　　　　——各尽其责；各尽其职

烤炉火吹电扇

　　　　　——冷热结合

孔夫子出门

　　　　　——三思而行

孔夫子当教授

　　　　　——古为今用

口含黄连抓脑袋

　　　　　——苦思苦想

快刀砍骨头
　　　　——干脆；干干脆脆

快刀切萝卜
　　　　——干脆；干干脆脆

快刀切西瓜
　　　　—— 一分为二

扩音器里打喷嚏〔pēntì〕
　　　　——想(响)得远

辣子一行，茄子一垄
　　　　——有条不紊；井井有条

烂肉喂苍蝇
　　　　——投其所好

浪里撑船
　　　　——看风使舵

劳模作报告
　　　　——传经送宝

老妈妈补衣裳
　　　　——见缝插针

老母猪吃破鞋
　　　　——心里有底

老艄公撑船
　　　　——看风使舵

老天爷拄拐棍
　　　　—— 一竿子插到底(地)

老鹰捕食
　　　　——见机(鸡)行事

脸盆里生豆芽
　　　　——知根知底

两个秀才当文书
　　　　——字字推敲

两只手写对联
　　　　——双管齐下

刘备三顾茅庐
　　　　——尽找明白人

骆驼的脖子，鸵鸟的脚
　　　　——各有所长

麻花下酒
　　　　——干脆；干干脆脆

马走日字象走田
　　　　——各有各的路

卖醋卖糖
　　　　——各管一行

猫逮老鼠鼠打洞
　　　——各有本领；各靠各的本事

猫教老虎
　　　　——留一手

毛毛虫弓腰
　　　　——以曲求伸

棉花裹秤砣
　　　　——柔中有刚；软中有硬

面口袋改套袖
　　　——宽备窄用；宽打窄用

庙会上的西洋镜
　　　　——名堂多

木匠的折尺
　　　　——能屈(曲)能伸

哪山唱哪歌
　　　　——到哪说哪

南极寿星，太上老君
　　　　——各有千秋

年三十夜的年糕
　　　　——人有我有

牛牵鼻子马抓鬃
　　　　——抓住了关键

骑马扶墙
　　　　——求稳

起重机吊钢板
　　　　——拿得起，放得下

千个师傅千个法
　　　　　——各有各的门道
牵着骆驼赶着鸡
　　　　　——就高不就低
潜水艇下水
　　　　　——深入浅出
瞧瞧过去，看看未来
　　　　　——瞻前顾后
蚯蚓钓鲤鱼
　　　　　——以小引大
蚯蚓走路
　　——以曲求伸；能屈(曲)能伸
拳师教徒弟
　　　　　——留一手
犬守夜，鸡司晨
　　　——各尽其责；各尽其职
三分钱开当铺
　　　　　——本小利大
三角锉刀
　　　　　——面面有用
三句话不离本行
　　　　　——干啥说啥
三人过独木桥
　　　　　——有先有后
三下五去二
　　　——干脆利索；干净利索
沙地上推小车
　　　　　——一步一个脚印
山坡上烧火
　　　　　——就地取材(柴)
山坡上凿石碑
　　　　　——就地取材
上山砍柴，过河脱鞋
　　　　　——到哪说哪

烧火剥葱
　　　　　——各管一工
师傅收儿当徒弟
　　　　　——一辈传一辈
石缝里塞棉花
　　　　　——软硬兼施
石匠师傅卖豆腐
　　　　　——软硬兼施
拾柴打兔子
　　　——两不耽误；两得其便
守着火炉吃冰棒
　　　　　——冷热结合
双手拍蚂蚱
　　　　　——一下当两下
顺手牵羊
　　　　　——趁机行事
顺水推舟，顺风扯篷
　　　　　——见机行事
随口哼山歌
　　　　　——心里有谱
孙悟空的金箍棒
　　　　　——能大能小
孙悟空制服铁扇公主
　　　　　——钻心战术
太极拳的功夫
　　　——柔中有刚；软中有硬
提鸡赶鸭子
　　　　　——一举两得
提马灯下矿井
　　　　　——步步深入
剃头捉虱子
　　　　　——一举两得
田头训子
　　　　　——言传身教

跳舞的脚步
——有进有退

象棋盘上的棋子儿
——有进有退

铁板上钉钉
——有板有眼

铁钉铆在钢板上
——扎扎实实

铁匠教徒弟
——趁热打铁

铁匠铺卖豆腐
——软硬兼施

童子带路
——以小引大

头发丝儿扣算盘
——精打细算

投石问路
——探探深浅；试试深浅

兔子靠腿狼靠牙
——各有各的谋生法

脱了毛的刷子
——有板有眼

挖塘捉泥鳅
——一举两得

歪锅配扁灶
——一套配一套

王母娘娘开蟠桃会
——聚精会神

王羲之看鹅
——专心致志

王爷的宅院
——层层深入

喂兔养羊
——本小利长

五尺布做裤衩
——宽备窄用；宽打窄用

西面敲鼓东面响
——声东击西

膝盖上打瞌睡
——自己靠自己；自靠自

洗菜的洗菜，剥葱的剥葱
——各管一工

戏院里挂钟
——群众观点

下地不穿鞋
——脚踏实地

下雪天走路
——一步一个脚印

小池塘撒网
——一网打尽

小河沟里撑船
——一竿子插到底

小猫吃小鱼
——有头有尾

蝎虎子断尾巴
——脱身之计

修脚带拔牙
——上下兼顾

人生哲理

《红楼梦》里的贾府
——大有大的难处

八月十五办年货
——赶早不赶晚

白糖拌苦瓜
——苦中有甜

百年的大树
——根深蒂固

饱带干粮晴带伞
——有备无患

背着棺材上战场
——往最坏处想

闭眼吃虱子
——眼不见为净

冰糖做药引子
——苦中有甜

兵来将挡，水来土掩
——一物降一物

财神爷着烂衫
——人不可貌相

财主劫路
——为富不仁

裁剪师傅的手艺
——量体裁衣

菜地里围篱笆
——没有不透风的墙

馋鬼抢生肉
——贪多嚼不烂

常胜将军上疆场
——不获全胜不收兵

扯不断的链条
——一环扣一环

出海带救生圈
——有备无患

传闲话，落不是
——无事生非

船头上撒网
——纲举目张

春种夏耘秋收冬藏
——因时制宜

此地无银三百两
——欲盖弥彰

崔莺莺患病
——心病还得心药医

搭锯见末，水到渠成
——立竿见影

打马骡子惊
——惩一做百

打鱼不说枪，打猎不说网
——三句话不离本行

打着灯笼偷驴子
——明人不做暗事

大姑娘做嫁衣
——闲时预备忙时用

大师傅蒸馍
——不到火候不开锅

大鱼吃小鱼
——一物降一物；弱肉强食

稻草人放火
——害人先害己

稻田里盖猪圈
——肥水不落外人田

得阑尾炎动手术
——除恶务尽

登上泰山望东海
——站得高，看得远；登高望远

地球绕着太阳转
——东方不亮西方亮

垫着被盖卷儿睡觉
——高枕无忧

丢了一只羊，捡到一头牛
——吃小亏占大便宜

冬天穿汗衫
——冷暖自己知

峨眉山上的泉水
——细水长流

恶鬼怕钟馗〔kuí〕
——邪不压正

恶虎斗群狼
——寡不敌众

放风筝的撒线
——脱手容易收回难

风不摇树不动
——事出有因

斧头打凿凿入木
——一物降一物

跟着英雄学好样
——跟着啥人学啥人

狗叼骨头
——本性难移

狗怕棍子牛怕鞭
——一物降一物

狗咬吉普车
——少见多怪

狗走千里吃屎，狼行千里吃肉
——本性难移

关云长失荆州
——骄兵必败

过了这个村，没有这个店
——机不可失

害啥病吃啥药
——对症下药

好人喊冤
——不平则鸣

耗子在窝里藏粮
——有备无患

耗子钻象鼻
——大的没有小的能；小能降大

禾苗怕蝼蛄
——一物降一物

黑瞎子举千斤鼎
——身大力不亏

黑瞎子遮太阳
——手大捂不住天

话儿把石头熔化
——柔能克刚

黄金能卖高价钱
——物以稀为贵

黄连树下吃桂圆
——苦中有甜

火烧财主楼
——恶有恶报

火神庙里着火
——玩火者自焚

鸡毛做掸子
——物尽其用

驾车登山
——不进则退

见了骆驼说马背肿
——少见多怪

叫花子登榜
　　　　　　——人不可貌相

金刚钻钻缸瓮
——大的没有小的能；小能降大

荆条编小篮
　　　　　——看着容易做着难

开飞车抛锚
　　　　　——欲速则不达

靠山吃山，靠水吃水
　　　　　—— 一方水土养一方人

口吹喇叭脚敲鼓
　　　　　——能者多劳

老虎请客
　　　——来者不善，善者不来

老两口吵架
　——公说公有理，婆说婆有理

老猫拿耗子
　　　　　—— 一物降一物

老牛拉磨
　　　　　——慢工出细活

老鼠跌进米囤里
　　　　　——因祸得福

老鼠骑水牛
——大的没有小的能；小能降大

老太婆啃窝头
　　　　　——细嚼慢咽

理发匠登金榜
　　　　　——行行出状元

鲤鱼找鲤鱼，鲫鱼找鲫鱼
　　　　　——物以类聚

梁山的兄弟
　　　　　——不打不成相识

楼顶上的警报器
　　　　　——事出有因(音)

马蜂蜇蝎子
　　　　　——以毒攻毒

猛将军出征
　　　　　——不获全胜不收兵

逆水行舟
　　　　　——不进则退

鲇鱼找鲇鱼，王八找王八
　　　　　——物以类聚

牛吃草料鸭吃谷
　　　　　——各有各的福

爬上山顶打铜锣
——站得高，想(响)得远

起航赶上了顺船风
　　　　　——机不可失

千里搭长棚
　　　　　——没有不散的筵席

千年大树百年松
　　　　　——根深蒂固

千年的大树
　　　　　——根深叶茂

千条竹篾编花篮
　　　　——看着容易做着难

秦始皇修长城
　　　　　——功过后人评

青皮橄榄
　　　　　——先苦后甜

如来佛治孙悟空
　　　　　——强中还有强中手

软索套猛虎
　　　　　——柔能克刚

塞翁失马
　　　　　——因祸得福

三伏天絮棉袄
　　　　　——闲时预备忙时用

三亩竹园出棵笋
——物以稀为贵

杀鸡给猴看
——惩一儆百

沙子里淘金
——积少成多

山顶上观景
——高瞻远瞩

山谷的回声
——不平则鸣

山里人有柴烧，岸边人有鱼虾
——靠山吃山，靠水吃水

山上的松柏
——根深叶茂

山头上看飞机
——高瞻远瞩

蛇吞蝎子
——以毒攻毒

深山里打猎，大海里捕鱼
——靠山吃山，靠水吃水

生姜脱不了辣气
——本性难移

虱子钻进麻布眼儿
——伸头容易缩头难

十二月说梦话
——夜长梦多

十里高山观景
——站得高，看得远；登高望远

十里高山望平地
——站得高，看得远；登高望远

十年寒窗中状元
——先苦后甜

时迁偷鸡
——祸从口出

拾芝麻凑斗
——积少成多

树叶掉在树底下
——叶落归根

水到屋顶帆到瓦
——水涨船高

水滴石板穿，绳锯木头断
——日久见功夫

司务长买饭票
——公是公来私是私

孙悟空进了八卦炉
——越练(炼)越结实

孙悟空拿猪八戒
——能人之上有能人

太平洋里下钩子
——放长线钓大鱼

太阳底下竖竹子
——立竿见影

泰山顶上观日出
——站得高，看得远；登高望远

挑着担子背着娃
——能者多劳

铁杵磨绣针
——功到自然成

铁打房梁磨绣针
——功到自然成

铁匠拉风箱
——柔能克刚(钢)

铁匠炉的料
——不打不成器

铁拉锁，子母扣
——分久必合，合久必分

屠夫说猪，农夫说谷
———三句话不离本行

推土机进茅草地
———斩草除根

推小车上大坡
———越高难度越大

退潮的海滩
———水落石出

王熙凤管家
———大有大的难处

王熙凤弄权
———聪明反被聪明误

王羲之写字
———熟能生巧

望江亭上度中秋
———近水楼台先得月

望着高炉发愣
———恨铁不成钢

温泉里洗澡
———冷暖自己知

乌龟碰壁
———得缩头时且缩头

乌拉草成名
———称宝不在贵贱

无风不起浪
———事出有因

洗脚水倒在秧田里
———物尽其用

戏台子下读"四书"
———闹中取静

闲人生闲气
———无事生非

小孩子讲悄悄话
———人微言轻

小河通大江
———细水长流

小偷不经吓
———做贼心虚

蝎子战蜈蚣
———以毒攻毒

新科状元哭爹
———乐极生悲

衙门的钱，下水的船
———来得易，去得快

岩石滴水石开花
———日久见功夫

眼过千遍不如手过一遍
———贵在实践

羊吃青草猫吃鼠
———各人有各人的福

羊头插到篱笆内
———伸手(首)容易缩手(首)难

药铺里卖棺材
———往最坏处想

野马进了套马杆
———伸手(首)容易缩手(首)难

一个巴掌拍不响
———孤掌难鸣

一个跳蚤顶不起被盖
———独力难撑

一锅做了百样饭
———众口难调

一家人打死个老鼠
———人多势众

一口吃个牛排
———贪多嚼不烂

过错失误

按别人的脚码买鞋

——不切实际；脱离实际

八十岁学吹打

——晚了；迟了

八仙桌缺只腿

——搁不平

八仙桌子盖酒坛

——大材小用

八月十五过端阳

——晚了；迟了

八月十五看龙灯

——晚了大半年

八月十五卖门神

——不是时候

拔草引蛇

——自找的；自己吓自己

把状元关到门背后

——埋没人才

百年松树，五月芭蕉

——粗枝大叶

摆渡不成翻了船

——两下耽搁；两头误

搬菩萨洗澡

——越弄越糟

搬石头上山

——费力不讨好；吃力不讨好

半空中赶牲口

——露马脚

半路上丢算盘

——失算了

半山坡上的弯腰树

——值(直)不得

半夜下馆子

——吃闭门羹

膀子上绕绳子

——自找罪受；自找难受

膀子折断了往袖里塞

——干吃哑巴亏；吃了哑巴亏

棒槌改蜡烛

——粗心

包子张嘴

——露馅儿

抱木头跳江

——不成(沉)

背石头上山

——自讨麻烦；自找麻烦

鼻子生疮

——眼前就是毛病

比着葫芦画瓢

——生搬硬套

闭着眼睛砍木头

——胡批(劈)

闭着眼睛拉车

——不看路线

闭着眼睛跳舞

——盲目乐观

扁担做桨用

——划不来；不是那块料

病好郎中到

——晚了；迟了

擦镫时间多，骑马时间少

——本末倒置

草把子做灯

——粗心

草帽戴在膝盖上

——不对头

草人落水

　　　　　——不成(沉)

草窝里有个状元郎

　　　　　——埋没人才

拆东墙补西墙

　　　　　——穷折腾

长江里漂木头

　　　　　——付(浮)之东流

炒豆大家吃，砸锅一人兜

　　　　　——不公平

车翻了去驯马

　　　　　——晚了；迟了

吃刺穿嗓子

　　　——自找罪受；自找难受

吃了隔壁谢对门

　　　　　——错了；搞错了

吃剩饭长大的

　　　　　——光出馊主意

厨房里落石头

　　　　　——砸锅

锤子炒菜

　　　　　——砸锅

春蚕吐丝

　　　　　——自缠身

此地无银三百两

　　　　　——不打自招

错公穿了错婆鞋

　　　　　——错上加错

打醋的进当铺

　　　——走错了门；找错了门

打猎忘了带猎枪

　　　　——丢三落〔là〕四

打落门牙往肚里吞

　　　　　——干吃哑巴亏；吃了哑巴亏

打鼠不成反摔碎罐罐

　　　　　——因小失大

打着兔子跑了马

　　　　　——得不偿失

大白天打更

　　　　　——乱了时辰

大道上洒香油，小道上捡芝麻

　　　　——大处不算小处算

大管子套小管子

　　　　　——不对口径

大海里荡舟

　　　　　——划不来

大年初一借袍子

　　　　　——不是时候

大年三十喂年猪

　　　　　——来不及

大炮轰苍蝇

　　　——不够本钱；不够本；大材
　　　　　　　　　　小用

大炮上刺刀

　　　　　——蛮干

大头针包饺子

　　　　　——露馅儿

大象换老鼠

　　　　——不上算；不合算

戴有色眼镜看人

　　　　　——有失本色

担雪填深井

　　　　　——误人不浅

点火烧眉毛

　　　　　——自找罪受；自找难受

电杆做牙签

    ——大材小用

电扇吹渔网

    ——漏风

电线杆钓鱼

    ——大材小用

钓上来的鱼

    ——自己上钩

钉钉子捶了手

    ——敲不到点子上

钉掌的敲耳朵

  ——离题(蹄)太远；不贴题(蹄)

顶风撑船

  ——不得劲；难上难；划不来

顶梁柱当柴烧

    ——屈了材料

顶着石臼做戏

  ——费力不讨好；吃力不讨好

顶着石狮子耍把戏

  ——费力不讨好；吃力不讨好

丢金子下海

    ——可惜；真可惜

丢了西瓜捡芝麻

  ——得不偿失；大处不算小处算

东郭先生救狼

    ——好心没好报

东手接西手去

    ——不聚财

冬瓜结到茄子地

    ——走错了人家

肚痛埋怨帽子单

    ——错怪

断柄锄头安了把

    ——有把柄可抓

对牛弹琴

    ——不看对象

对着影子打招呼

    ——看错了人；认错了人

鹅蛋换鸡蛋

    ——不合算

二尺布做裤衩

    ——两头顾不上

法官坐班房

    ——知法犯法；明知故犯

饭店门前摆粥摊

    ——对着干

房梁改板凳

    ——大材小用

放虎归山

    ——留后患

放火烧山林

    ——不顾根本

放蚊入帐

    ——自讨麻烦；自找麻烦

放鸭子上山

    ——搞错了路线；不懂行

飞蛾撵〔niǎn〕蜘蛛

    ——自投罗网

粪叉上镶宝石

    ——不值得；找错了地方

盖房请来箍桶匠

    ——找错了人

赶牛进鸡舍

    ——门路不对

高价买来低价卖
————折本买卖；赔了本钱

高粱秆当顶门杠
————经不起推敲

高射炮打蚊子
————小题大做；大材小用；得不
偿失

隔窗户咬耳朵
————偏听偏信

隔墙撂〔liào〕帽子
————不对头

狗熊搬石头
————自讨麻烦；自找麻烦

箍桶请石匠
————找错了人

雇贼看门
————引狼入室；监守自盗

关公战秦琼
————乱了朝代

关云长失荆州
————吃亏全在大意

锅底上戳〔chuō〕窟窿
————捅娄(漏)子

过河拆桥
————断了后路；不留后路

过了霜降收玉茭
————晚了三秋

过期的车票
————失效了

过期的药丸
————失效了

孩子考妈妈
————小题大做

好花插在牛粪上
————可惜；真可惜

耗子搬家
————穷折腾

耗子跌灰堆
————触一鼻子灰；碰一鼻子灰

耗子进书箱
————蚀(食)本

耗子尾巴上长癣
————小毛病

耗子钻风箱
————自找罪受；两头受气

黑狗偷油打白狗
————错了；搞错了

恨虱子烧棉袄
————得不偿失

猴儿戳〔chuō〕蜂包
————自讨苦吃；自找苦吃

猴子吃核桃
————砸啦

猴子戴箍
————自上圈套

猴子偷黄连
————自讨苦吃；自找苦吃

胡子长疮
————毛病

胡子贴膏药
————毛病

猢狲入布袋
————进了圈套

花绸子做尿布
————屈了材料

画虎不成反类犬
　　　　　——弄巧成拙
黄鼠狼看鸡
　　　　　——越看越稀
灰堆里打喷嚏
　　——触一鼻子灰；碰一鼻子灰
浑身贴膏药
　　　　　——毛病不少
火车开上烂泥路
　　　　　——走错了道
火炮轰苍蝇
　　　　　——不合算
机关枪用炮弹
　　　　　——不对口径
鸡蛋掉在马路上
　　　　　——砸啦
鸡蛋同石头打滚
　　　　——自讨苦吃；自找苦吃
鸡公跟马跑
　　　　——自讨苦吃；自不量力
鸡窝门口贴对联
　　　　　——小题大做
鸡爪子钉掌子
　　　　　——不对题(蹄)
脊背长疮，胸口贴膏药
　　　　　——不顾后患
捡了芝麻甩了西瓜
　　　　　——因小失大
见了舅爷叫姨夫
　　　　——看错了人；认错了人
见钟不打铸钟敲
　　　　　——舍近求远

江心断了帆桅
　　　　　——转了向
浇地扒垄〔lǒng〕沟
　　　　　——捅娄(漏)子
饺子破了皮儿
　　　　　——露馅儿
脚踩棒槌
　　　　　——立场不稳
脚像钉耙，手像蒲扇
　　　　　——大手大脚
叫铁匠做嫁妆
　　　　　——用人不当
叫羊看菜园
　　　　　——越看越光
金瓜换银瓜
　　　　　——越换越差
金针菜喂骆驼
　　　　　——亏大了
金子当作黄铜卖
　　　　　——亏大了
进屋跳窗户
　　　　　——门路不对
警察当扒手
　　　　　——知法犯法
九曲桥上散步
　　　　　——走弯路
酒壶当夜壶用
　　　　　——派错了用场
开刀不上麻药
　　　　　——蛮干
砍柴忘带刀，刨地不带镐
　　　　——丢三落〔là〕四

砍树吃橘子
——不顾根本

看见蚊子就拔剑
——小题大做

空中跑马
——露马脚

孔夫子搬家
——尽是输(书)

孔夫子的手帕
——包输(书)

孔子教《三字经》
——埋没人才

抠眼屎弄瞎了眼
——因小失大

口渴喝盐卤
——悔之莫及；后悔已晚

筐里选瓜
——越选越差

垃圾堆里安雷管
——想干什么

懒大嫂赶场
——中间不急两头忙

老猫偷食狗挨打
——错怪

老母鸡啄瘪〔biě〕谷
——上当受骗

老鼠看仓
——越看越光

老鼠拉秤砣
——自塞门路

老鼠偷秤砣
——倒贴(盗铁)

老太太站岗
——立场不稳

老张的拳头捣老张的腿
——自作自受

雷公喝酒
——胡批(劈)

脸蛋贴膏药
——眼前就是毛病

两天打鱼，三天晒网
——本末倒置

林冲误闯白虎堂
——上当受骗

临渴才掘井
——来不及

临时抱佛脚
——来不及

临阵磨枪
——晚了；迟了

琉璃瓦搭猪圈
——屈了材料

琉璃瓦盖鸡窝
——大材小用

六月穿皮袄
——自找难受

六月天穿棉袄
——乱了季节

笼子里的鹦鹉
——多嘴多舌

驴进磨道
——上了圈套

麻秸抵门
——经不起推敲

麻绳打毛衣
——耐用

马背上跌跤，牛背上抽鞭
——错上加错

马背上钉掌
——离题(蹄)太远；不贴题(蹄)

马笼头给牛戴
——生搬硬套

马屁精拍马腿
——倒挨一脚

蚂蚁生疮
——小毛病

蚂蚱看庄稼
——越看越光

买了相因柴，烧了夹生饭
——想占便宜反吃亏

买帽子当鞋穿
——不对头

买面的进了石灰店
——走错了门；找错了门

买死鱼放生
——荒唐

买猪头讨个胆
——自讨苦吃；自找苦吃

麦秆门闩玻璃鼓
——经不起推敲

麦秸堆里装炸药
——乱放炮

麦糠擦屁股
——自讨麻烦；自找麻烦

卖绿豆掺珍珠
——不合算

卖沙锅的摔跤
——砸锅

猫钻灶坑
——触一鼻子灰；碰一鼻子灰

茅房上贴对子
——文不对题

没病抓药
——自讨苦吃；自找苦吃

没买马先置鞍
——弄颠倒了；颠倒着做

蒙在被子里放屁
——自作自受

面条点灯
——犯(饭)不着

磨子上睡觉
——转了向

母鸡丢蛋出告示
——小题大做

木偶跳塘
——不成(沉)

木头人过河
——不成(沉)

拿根麦芒当棒槌
——小题大做

拿着车票进戏院
——不对号；对不上号

南瓜苗掐尖
——光出岔(杈)子；净岔(杈)子

挠出来的疮
——自讨麻烦；自找麻烦

鸟过拉弓
——错过时机

慌忙杂乱

挨打的鸭子
——乱窜

拔了桩的篱笆
——七倒八歪

白面掺石灰
——瞎掺和；乱掺和

扳不倒坐汽车
——没有稳当劲

扳不倒掉到水缸里
——没有稳当劲

半篮子喜鹊
——唧唧喳喳

半夜和面
——瞎鼓捣

半夜起来收玉米
——瞎干

抱干柴救烈火
——越帮越忙；帮倒忙

鼻尖上着火
——迫在眉睫

鼻子上冒烟
——急在眼前

闭了眼和面
——瞎掺和；乱掺和

玻璃缸内的苍蝇
——乱窜

草原上点火
——着慌(荒)；明知故犯

拆东墙补西墙
——顾此失彼

馋狗等骨头
——急不可待

扯公被盖婆脚
——东拉西扯

吃了一团烂麻
——心里乱糟糟

赤脚戴礼帽
——顾上不顾下

穿凉鞋戴棉帽
——顾头不顾脚

床上失火
——烧着屁股燎着心

打电报买快车票
——急上加急

大风吹翻麦草垛
——乱糟糟

大个子盖小人被
——顾头不顾脚

稻草人救火
——自顾不暇

掉了帽子喊鞋
——头上一句，脚下一句

顶风扬帆
——尽捣乱

东拉葫芦西扯瓢
——碰到什么抓什么

冬瓜秧爬进茄子地
——东攀西扯

豆芽韭菜堆一堆
——分不清，理不明

断头苍蝇
——乱闯乱碰；六神无主

额头着火
——急在眼前

方不方，圆不圆
——没有规矩

纺纱厂的烂线团
——头绪太乱

扶得东来西又倒
　　　　——顾此失彼
扶起篱笆倒了墙
　　　　——顾东不顾西
高粱地里种绿豆
　　　　——高低不齐
胳膊肘长杈
　　　　——横生枝节
隔布袋买猫
　　　　——瞎抓
狗吃猪肠
　　　——撕扯不清；扯不清
狗头上戴瓦罐
　　　　——瞎碰；瞎撞
狗咬烂皮袄
　　　　——撕扯不清
狗咬尾巴
　　　　——团团转
狗咬乌龟
　　　　——找不到头
顾了烧火，忘了翻锅
　　　——顾此失彼；手忙脚乱
顾了洗锅，忘了烧火
　　　　——忙得团团转
罐子里掏海米
　　　　——抓瞎(虾)
鬼子兵败阵
　　　　——一窝蜂
耗子遇见猫
　　　　——六神无主
耗子钻进乱麻堆
　　　　——慌了神
喝糖水加酱油
　　　——瞎掺和；乱掺和

黑屋里做活
　　　　——瞎干
猴子抱西瓜
　　　　——顾此失彼
猴子耍把戏
　　　　——毛手毛脚
葫芦架子一齐倒
　　　——分不清，理不明
怀揣二十五只老鼠
　　　　——百爪挠心
怀揣兔子
　　　　——惴惴不安
火烧蜂房
　　　　——乱哄哄
火烧猴屁股
　　　　——团团转
火烧眉毛
　　　　——急在眼前
鸡毛炒韭菜
　　　　——乱糟糟
鸡捉耗子
　　　——乱了套；乱套了
急救车碰上了救火车
　　　　——急上加急
集体逃难
　　　　——一窝蜂
家雀抬杠
　　　　——乱嚷嚷
嫁接的果树
　　　——节外生枝；横生枝节
剪不断，理还乱
　　　　——千头万绪
江中浪上兜圈子
　　　　——团团转

脚板上长草
　　　　——慌(荒)了手脚
脚打锣，手敲鼓
　　　　——两头忙
脚上戴帽子
　　　　——乱了套；乱套了
进网的鱼虾
　　　　——慌了手脚
近视眼看告示
　　　　——迫在眉睫
井里打水往河里倒
　　　　——胡折腾；瞎折腾
韭菜炒豆芽
　　　　——纠缠不清
筐子里堆乱麻
　　　　——没有头绪
拉石灰车遇到倾盆雨
　　　　——无望
蜡人玩火
　　　　——自顾不暇
懒婆娘的包袱
　　　　——乱七八糟
烂麻里掺猪毛
　　　　——一团糟
老掉牙的驴
　　　　——顾(雇)不得
老虎进山洞
　　　　——顾前不顾后
老鼠拉王八
　　　　——找不到头
老鼠闹洞房
　　　　——唧唧喳喳
老太太闲扯
　　　　——七嘴八舌

老头牵瘦驴
　　　　——顾(雇)不得
六月里戴毡帽
　　　　——乱了套；乱套了
龙宫里造反
　　　　——慌了神
驴踢琵琶
　　　　——乱弹琴
绿头苍蝇
　　　　——乱闯乱碰
乱麻团缠皂角树
　　　　——理不清
落汤的螃蟹
　　　　——手忙脚乱
落雨收柴草
　　　　——手忙脚乱
麻雀搬家
　　　　——唧唧喳喳
麻雀当家
　　　　——七嘴八舌
麻雀嫁女
　　　　——唧唧喳喳
麻雀炸窝
　　　　——阵脚大乱
卖花生不用秤称
　　　　——乱抓
卖了鞋子买帽子
　　　　——顾头不顾脚
卖瓦盆的摔跤
　　　　——乱了套；乱套了
卖虾米不拿秤
　　　　——抓瞎(虾)
猫扒琵琶
　　　　——乱弹琴

毛猴子拉车
　　　　——乱了套；乱套了

没头的苍蝇
　　　　——瞎起哄

没头的蚂蚱
　　　　——瞎蹦跶

没王的蜜蜂
　　　　——乱哄哄

没眼儿猪跟着狗叫唤
　　　　——瞎起哄

眉毛胡子一把抓
　　　　——不分主次；主次不分

蒙上眼睛卖豆芽
　　　　——瞎抓

磨道里的驴
　　　　——忙得团团转

墨汁里加石灰
　　　　——瞎掺和；乱掺和

南瓜秧攀葫芦藤
　　　　——纠缠不清

牛毛炒茴香
　　　　——什么事儿嘛

披蓑衣钻篱笆
　　　　——东拉西扯

披着麻袋进竹林
　　　　——东拉西扯

泼油救火
　　　　——越帮越忙；帮倒忙

破铜烂铁当武器
　　　　——打烂仗

七根扁担丢一旁
　　　　——横三竖四

七根竹竿掉猪圈
　　　　——横三竖四

骑兵败阵
　　　　——兵荒(慌)马乱

骑着骆驼赶着鸡
　　　　——高低不齐

汽车爬大树
　　　　——胡折腾；瞎折腾

千年的大树
　　　　——盘根错节

热锅上的蚂蚁
　　　　——团团转

三伏天穿皮袄
　　　　——乱了套；乱套了

三个半人抓螃蟹
　　　　——七手八脚

三月栽薯四月挖
　　　　——急不可待

扫地打跟头
　　　　——帮倒忙

沙漠里的鸵鸟
　　　　——顾头不顾尾

傻小子理乱麻
　　　　——越整越乱

山雀子相会
　　　　——唧唧喳喳

上吐下泻
　　　　——两头忙

上午栽树，下午乘凉
　　　　——急不可待

蛇钻窟窿
　　　　——顾前不顾后

舍了脊梁护胸膛
　　　　——顾前不顾后

生吞蜈蚣
　　　　——百爪挠心

十个手指头
——长短不齐

十五个吊桶打水
——七上八下

十五个人当家
——七嘴八舌

十五个人爬楼梯
——七高八低

十五个人睡两头
——七颠八倒

十五个人抬木头
——七手八脚

十五个铜钱丢地上
——七零八落

十五个小孩打闹
——七哭八笑

十五个小孩睡当院
——横七竖八

十五个珠子断了线
——七零八落

十五条扁担扔一地
——横七竖八

十五只老鼠打架
——七抓八扯

十五只麻雀分家
——七抓八扯

十五只蜘蛛结网
——七勾八扯

屎壳郎搬家
——臭折腾

屎壳郎上锅台
——手忙脚乱

水罐里的王八
——瞎碰；瞎撞

水推龙王走
——身不由己

四肢长胡子
——毛手毛脚

孙猴子坐天下
——手忙脚乱

孙悟空闹天宫
——慌了神

塌了窝的蚂蚁
——阵脚大乱

贪吃不留种
——顾前不顾后

藤萝爬上葡萄架
——纠缠不清

挑着棉花过刺笆林
——东拉西扯

头发胡子一把抓
——理不清

头发丝炒韭菜
——乱七八糟

土地爷逃难
——慌了神

兔子当牛使
——乱了套；乱套了

消极敷衍

八哥的嘴巴
——随人说话；人云亦云

八级泥水匠
——抹得平

八丈长的袍子
——慢慢拖

白开水画画
——轻(清)描淡写

扳不倒坐汽车
——摇摇摆摆

半路开小差
——有始无终

闭着眼睛蹚河
——听天由命

踩着西瓜皮打排球
——能推就推，能滑就滑

长线放风筝
——慢慢来

车干塘水捉鱼
——只图一回

城头上的草
——风吹两边倒

池中捞藕
——拖泥带水

厨子剥葱
——扯皮

橱窗里的摆设
——样子货

床上的花枕头
——置之脑后

春汛的鱼虾
——随大流

打更人睡觉
——做事不当事

打了乒乓玩排球
——推来推去；互相推托

打猎人瞄准
——睁只眼，闭只眼

打水不关龙头
——放任自流；任其自流

大虫头，长虫尾
——虎头蛇尾

大姑娘的长辫子
——往后甩；甩在脑后了

大闺女的辫子
——置之脑后

大河决了堤
——放任自流；任其自流

大江里漂浮萍
——随波逐流

大年初一吃饺子
——随大流

大腿上贴门神
——走了神

带拖斗的卡车
——拖拖拉拉

当天和尚撞天钟
——得过且过

倒了油瓶不扶
——袖手旁观

地里的庄稼苗
——风吹两边倒

地上的砖头
——踢一踢，动一动

碟子里的开水
——三分钟的热劲

肚子饿了喝西风
——过一天算一天

对牛弹琴
——白费劲

发洪水放竹排
——随波逐流

房檐下避雨
——躲过一时算一时

风吹墙头草
——两边倒

风浪里的小舟
——左右摇摆；摇摆不定

赶乌龟上山
——慢慢来

隔着棉袄挠痒
——不解决问题

刮风天挂旗子
——随风摆；随风飘

关门做皇帝
——高兴一时是一时

过冬的咸菜缸
——泡着吧

耗子啃玉米棒
——顺杆(秆)爬

和尚的木鱼
——不打不响

和稀泥，抹光墙
——和事佬

河里的木偶
——随大流

红药水抹疖子
——治表不治里

胡萝卜掉进腌菜坛
——泡着吧

黄牛的尾巴
——两边摆

黄鼠狼过水田
——拖泥带水

火烧灯草
——灰心

火烧灯捻
——灰心

火烧眉毛
——光顾眼前；只顾眼前

脚踩西瓜皮
——滑到哪里算哪里

近视眼走路
——小心翼翼

九牛失一毛
——不在乎

九曲桥上散步
——拐弯抹角

九月的茭白
——灰心

决了口的水渠
——放任自流；任其自流

课堂上打瞌睡
——心不在焉

筐里的烂杏
——充数

懒汉不拉纤
——顺水推舟

懒汉学徒
——拨拨动动；不拨不动

懒驴拉磨
——不打不转

懒驴子上套
——打一鞭走一步

懒鸟不搭窝
——得过且过

懒牛拉磨
——不打不走

老虎头，蛇尾巴
——有始无终

老虎卧在马圈里
——马马虎虎

老牛赶山
——赶到哪天算哪天

老牛拉车
——慢慢磨

老牛拉破车
——慢腾腾

老婆婆当兵
——充数

老婆婆纺线
——拖拖拉拉

老婆婆纳鞋底
——磨磨蹭蹭；磨蹭

老鼠吃高粱
——顺杆(秆)爬

老鼠进洞
——拐弯抹角

老太太打补丁
——东拼西凑

老太太啃骨头
——软磨硬顶

冷水沏茶
——泡着吧

列车上放广播
——道听途说

临阵磨枪
——不快也光

垄沟决口
——放任自流；任其自流

螺丝帽上劲
——尽绕圈子；绕圈子

落水的桃花
——随波逐流

马槽边上的苍蝇
——混饭吃

马路新闻
——道听途说

马戏团的小丑
——走过场

马捉老鼠
——不务正业；不干正经事

蚂蚁搬家
——拖拖拉拉

蚂蚁啃骨头
——慢慢来

买老牛置破车
——光顾眼前；只顾眼前

猫头鹰打瞌睡
——睁只眼，闭只眼

没牙老婆婆吃胡豆
——软磨硬顶

梦中看焰火
——高兴一时是一时

迷失方向的帆船
——随波逐流

木匠吊线
——睁只眼，闭只眼

顽固守旧

八股文的格式
——千篇一律

八十岁老翁练琵琶
——老生常谈(弹)

八十岁奶奶的嘴
——老掉牙

八十岁学吹笛
——尽是老调；老调子

八仙桌打掌子
——四平八稳

八月十五的月亮
——年年都一样

拔了塞子不淌水
——死心眼儿

抱着葫芦不开瓢
——死脑筋

抱着石头跳深渊
——死不回头

北极的冰川
——顽固不化

博物馆的陈列品
——老古董

不见棺材不落泪
——顽固到底

不碰南墙不回头
——顽固到底

长成的胡子，生就的相貌
——更改不掉；改不了

长袍马褂瓜皮帽
——老一套

炒菜锅里的四季豆
——不进油盐

乘火车看外景
——尽收眼底

出土文物
——老古董

穿新鞋走老路
——因循守旧

船到码头车到站
——停滞(止)不前

窗外有窗
——多余的框框

大年初一吃饺子
——年年都一样

大年初一借袍子
——不识时务

大年三十没月光
——年年都一样

带着花岗岩脑袋见上帝
——死不改悔

东西耳朵南北听
——横竖听不进

端阳节才贴对联
——跟不上趟

翻着旧历书择吉日
——倒退了

盖了三年的破被
——老套子

擀面杖灌米汤
——滴水不进

稿纸上写字
——框框多；尽是框框

隔年的黄豆
——不进油盐

跟着别人走路
——步人后尘

狗尾巴拴秤砣
——拖后腿

古墓前的岗哨
——守旧

古曲演奏
——老调重弹

古装戏的服装
——尽是老一套

闺女穿娘鞋
——老样子

耗子的眼睛
——只看一寸远；目光短浅

耗子钻到竹筒里
——死不回头

耗子钻进古书堆
——吃老本

猴子耍把戏
——翻来覆去老一套

后脑勺戴眼镜
——朝后看

猢狲耍把戏
——老一套

花岗岩脑袋
——顽固不化

火车到站，轮船靠岸
——停滞(止)不前

酱菜缸里的秤砣
——不进油盐

脚跟朝前走
——走回头路

井底的蛤蟆
——目光短浅

井底下划船
——走不出小圈子

九斤老太的眼光
——光看过去的好

卡车的拖斗
——落后

看《三国》掉泪
——替古人担忧

孔夫子讲学
——之乎者也

腊月里借扇子
——不识时务

烂了的西红柿满街送
——不识时务

老舅舅拉破二胡
——陈词滥调

老奶奶的嫁妆
——老古董

老牛拉碾
——原地打转

老牛走老路
——照旧

老鼠钻书箱
——吃老本

冷天戴手套
——保守(手)

六月戴棉帽
————不识时务

蚂蚁回窝
————走老路

毛驴跟马赛跑
————老落后；落后了

没剥壳的板栗
————不进油盐

磨刀水洗头
————脑筋生锈

奶奶的鞋子
————老样子

碰到南墙不回头
————死心眼儿

秋去冬来
————年年都一样

人老还穿儿时衣
————过时货

三伏天穿皮袄
————不识时务

三十年的旧棉絮
————老套子

沙锅里煮石头
————不进油盐

刹车抛锚
————停滞(止)不前

上眼皮看下眼皮
————目光短浅

佘太君照相
————老样子

深山里的花岗岩
————老顽固

生米做成了熟饭
————更改不掉；改不了

生锈的铁锁
————难开窍；不开窍

石头打的锁
————难开

石头脑瓜子
————难开窍；不开窍

实心棒槌灌米汤
————滴水不进

屎壳郎滚粪蛋
————走回头路

手拿谜语猜不出
————执迷(谜)不悟

寿星戴风帽
————老一套

寿星老儿唱歌
————老腔老调

寿星老儿练琵琶
————老生常谈(弹)；老调重弹

顺脚印走路
————步人后尘

说书人落泪
————替古人担忧

孙子穿爷爷的鞋
————老一套

太监读圣旨
————照本宣科

听评书流泪
————替古人担忧

土地爷吹笛子
————尽是老调；老调子

娃娃玩陀螺
　　　　——原地打转

外甥打灯笼
　　　　——照旧(舅)

五月初六卖菖蒲
　　　　——过时货

下山顺着上山道
　　　　——走老路

小脚老太太缠脚
　　　　——裹足不前

心眼儿里灌铅
　　　　——难开窍；不开窍

熊瞎子耍扁担
　　　　——翻来覆去老一套

悬崖边留步
　　　　——停滞(止)不前

眼睛盯着鼻尖
　　　　——只看一寸远

眼镜店里的货
　　　　——框框多；尽是框框

阳雀叫三年
　　　　——一句现成话

爷爷的长相
　　　　——老样子

一本经书读到老
　　　　——食古不化；墨守成规

一条道走到黑
　　　　——死心眼儿

一条犁沟走到底
　　　　——死不回头

依着葫芦画瓢
　　　　——全盘照搬

榆木疙瘩
　　　　——难开窍；不开窍

辕马套在车后头
　　　　——开倒车

张果老倒骑驴
　　　　——朝后看

正月初一打灯笼
　　　　——年年如此

猪脑壳
　　　　——死不开窍

卒子过河
　　　　——死不回头

胆怯软弱

挨打的乌龟
——缩脖子啦

挨了巴掌赔不是
——奴颜媚骨

背着黑锅做人
——直不起腰；伸不起腰

鞭梢上拴个蛤蟆
——经不起摔打

玻璃棒槌
——经不起敲打

玻璃做鼓
——经不起敲打

薄冰上迈步
——胆战心惊；战战兢兢

不保温的热水瓶
——没有胆

踩高跷上高墙
——胆战心惊；战战兢兢

踩着麻绳当毒蛇
——大惊小怪

操场上捉迷藏
——无地容身；无处藏身

柴油机抽水
——吞吞吐吐

虫蛀的扁担
——经不住两头压

出洞的老鼠
——怕见人

出须的萝卜
——心虚

初生的娃娃
——小手小脚

春天的萝卜
——心虚

打了败仗的士兵
——垂头丧气

打烂的暖水瓶
——丧胆

大姑娘做客
——羞羞答答

大街上掂杂碎
——提心吊胆

大虾掉进油锅里
——闹了个大红脸

胆小鬼打仗
——临阵脱逃

胆小鬼的眼睛
——见啥怕啥

胆小鬼走夜路
——提心吊胆

稻草秆打人
——软弱无力

稻草人跌跤
——腰杆子不硬

灯草拐棍
——软弱无力

掉进陷阱里的狗熊
——熊到底了

斗败的公鸡
——垂头丧气

毒蛇见硫黄
——浑身酥软

肚脐眼里安雷管
——心惊肉跳

端着鸡蛋过独木桥
——提心吊胆；小心翼翼

断了脊梁骨的癞皮狗
——没有骨气

粪坑里的蛆
——没骨头

凤凰跌到鸡窝里
——落魄了

高粱秆上挂个破皮球
——垂头丧气

高粱秆做鞭杆
——经不起摔打

狗挡狼
——两惊慌

狗撵〔niǎn〕狼
——两面怕

寒冬的电扇
——令人生畏

旱地的乌龟
——无地容身；无处藏身

耗子遇见猫
——浑身酥软

黑瞎子跳井
——熊到底了

黑瞎子叫门
——熊到家了

黑瞎子照镜子
——熊样

喉咙里放鱼钩
——提心吊(钓)胆

喉咙里灌铅
——张口结舌

后台的锣鼓
——见不了大场面

葫芦落塘
——吞吞吐吐

黄鼠狼的脊梁
——软骨头

火柴把上绑鸡毛
——胆(掸)子小

火鸡躲猎人
——藏头露尾

鸡遇黄鼠狼
——胆战心惊；战战兢兢

剪了毛的绵羊遭雨淋
——浑身哆嗦；直哆嗦

见到猫就怕
——胆小如鼠

见了蚊子就拔剑
——大惊小怪

脚踩蚯蚓吓一跳
——胆子太小

脚长鸡眼臀生疮
——坐立不安

九月的柿子
——软不拉耷〔dā〕

开水锅里的乌龟
——早把头缩回去了

栏杆上摆花盆
——无地自容

懒婆娘的包袱
——窝窝囊囊

烂柿子换核桃
——吃硬不吃软

老鼠见了猫
——吓破了胆

老鼠碰到火烧山
——无地容身；无处藏身

老鼠偷猫饭
——提心吊胆

六月天身发抖
——不寒而栗

麻秆打狼
——两面怕

蚂蟥的身子
——软骨头

蚂蚱爬在鞭梢上
——经不起摔打

猫钻耗子洞
——藏头露尾

没事嗑瓜子
——吞吞吐吐

梦里失火喊救命
——虚惊一场；一场虚惊

绵羊走到狼群里
——胆战心惊；战战兢兢

庙里丢菩萨
——失神

拿着鸡蛋走冰路
——小心翼翼

奈何不得冬瓜，只把茄子磨
——欺软怕硬

能字添四点
——熊样

牛鼻里爬小蟹
——大惊小怪

暖水瓶爆裂
——丧胆

泡桐树锯菜板
——心虚

屁股长疮脚扎刺
——坐立不安

穷债户过年
——躲躲闪闪

蚯蚓翻跟头
——直不起腰；伸不起腰

蚯蚓上墙
——腰杆子不硬

蚯蚓走路
——伸伸缩缩

热脸蛋贴人家冷屁股
——奴颜媚骨；浪费表情

软骨头卡在喉咙里
——张口结舌

三个小鬼丢了俩
——失魂落魄

三脚凳子搭床睡
——坐卧不安；坐卧不宁

三九天不穿棉
——缩手缩脚

晒干的黑枣
——缩成一团

舌头上抹胶
——张口结舌

受惊的麻雀
——胆子小

树叶掉下来捂脑袋
——小心过分；过分小心

树叶落下怕打破头

　　——胆小鬼

数着步子走路

　　——谨小慎微

霜打的茄子

　　——软不拉耷〔dā〕

霜后的大葱

　　——软不拉耷〔dā〕

睡觉扯被子

　　——遮遮盖盖

四肢抽筋

　　——缩手缩脚

坛子里的豆芽菜

　　——直不起腰；伸不起腰

唐三藏撞见牛魔王

　　——舌头短一截

螳螂落油锅

　　——全身都酥了

田里的蚯蚓

　　——没骨头

听见猫叫骨头酥

　　——胆小如鼠

屠夫送礼

　　——提心吊胆

土地爷离了庙

　　——神不守舍

鸵鸟钻沙堆

　　——藏头露尾

玩具店里的洋娃娃

　　——小手小脚

王八碰桥墩

　　——不敢露头

温室里的花朵

　　——经不起风雨；经不起风吹
　　　　　　雨打

乌龟的脑壳

　　——伸伸缩缩

捂着钱包捉贼

　　——小心过分；过分小心

下雪天过独木桥

　　——提心吊胆

小鸡吃食

　　——点头哈腰

小老鼠钻到网兜里

　　——失魂落魄

小鲤鱼戏水

　　——吞吞吐吐

小偷遇警察

　　——心神不安

新媳妇上花轿

　　——羞羞答答；忸忸怩怩

胭脂当粉搽

　　——闹了个大红脸

炎夏天打冷战

　　——不寒而栗

爷俩看见马打架

　　——大惊小怪

爷俩上山遇大虫

　　——大呼小叫

夜行人吹哨子

　　——给自己壮胆

骄傲浮夸

阿斗当官
——有名无实

八仙吹喇叭
——神气十足

八仙聚会
——神聊

八月里的黄瓜棚
——空架子

半道上捡个喇叭
——有吹的了

半空中吊帐子
——不着实地

半空中挂灯笼
——上不着天，下不着地

半路上留客
——嘴上热闹

半天云里打电话
——空谈

半天云里翻跟头
——不着实地

半天云里拉家常
——空谈

半天云里飘气球
——高高在上

宝剑出鞘
——锋芒毕露

背着唢呐坐飞机
——吹上天了

闭门造车
——自作聪明

闭着眼睛鼓风
——瞎吹

闭着眼睛训话
——瞎说

瘪〔biě〕粒儿的麦穗
——头扬得高

不听梆子听大鼓
——说的比唱的好听

不听曲子听评书
——说的比唱的好听

厕所里扎牌坊
——臭架子

茶杯里的胖大海
——自大；自我膨胀

搽粉照镜子
——自我欣赏

长颈鹿的脑袋
——头扬得高；高人一头

唱戏的点兵
——名不副实

唱戏的喝彩
——自己给自己捧场

城门楼上乘凉
——好出风头

城墙上拉屎
——出臭风头

绸子包鸡笼
——外面好看里面空

丑八怪搽胭脂
——自以为美

出须的萝卜
——空虚

厨子炒菜
——添油加醋

穿背心作揖
——露两手

穿衣镜前作揖
——自己恭维自己；自尊自敬

吹灯讲故事
　　　　　　——瞎说

吹鼓手喝彩
　　　　　　——自吹自擂

搭棚子卖绣花针
　　　　——买卖不大，架子不小

搭戏台卖豆腐
　　　——架子不小；好大的架子

大海大洋里的小舟
　　　　　　——不着边际

店铺前吊门板
　　　　　　——好大的牌子

斗赢了的公鸡
　　　　　　——神气活现

豆腐挡刀
　　　　——自不量力；不自量

独膀子打拳
　　　　　　——露一手

对着穿衣镜作揖
　　　　　　——自我崇拜

对着镜子说漂亮
　　　　　　——自夸

对着镜子行大礼
　　——自己恭维自己；自尊自敬

饿肚的鸭子
　　　　　　——穷呱呱

二百钱开个豆腐店
　　　　——本钱不大，架子不小

二郎爷的笛子
　　　　　　——神吹

放下二胡拿笛子
　　　　——能扯能吹；会扯会吹

飞机的屁股
　　　　　——尾巴翘上了天

飞机的尾巴
　　　　　　——翘得高

飞机上吹喇叭
　　　　　　——高调

飞机上观天
　　　　　　——目空一切

飞机上张网
　　　　　　——捕风捉影

飞机上作报告
　　　　　　——空话连篇

风吹杨花
　　　　——轻飘飘；飘飘然

风吹云朵
　　　　　　——漂浮不定

风箱的嘴巴
　　　　　　——光会吹

凤凰山上没凤凰
　　　　　　——徒有虚名

干打雷不下雨
　　　　　　——虚张声势

高山顶上搭台子
　　　　　　——高高在上

高山摔茶壶
　　　　　　——光剩嘴

隔靴搔痒
　　　　　　——抓不到实处

耕地甩鞭子
　　　　　　——吹(催)牛

公鸡耸冠子
　　　　　　——神气活现

狗耳朵上戴了银铃铛

——洋洋得意

狗喝凉水

——耍舌头

狗掀门帘

——玩嘴；全凭一张嘴；全仗嘴

狗咬旋风

——捕风捉影

鼓上安电扇

——吹牛皮

鼓着肚子充胖子

——外强中干

瓜地里的草人

——装模作样；装样子

挂羊头，卖狗肉

——有名无实

关公打喷嚏〔pēntì〕——自我吹嘘(须)

关公面前耍大刀

——自不量力；不自量

关门做皇帝

——自封为王；自我欣赏

光起风不下雨

——干吹

哈巴狗掀门帘

——全凭一张嘴

蛤蟆跳到牛背上

——自以为大

海龙王打哈欠

——好大的口气

海市蜃楼，天涯彩虹

——虚的虚，空的空

寒冬腊月的马蜂窝

——空空洞洞；空洞

旱天刮西北风

——干吹

耗子啃碟子

——满嘴词(瓷)

耗子爬秤钩

——自称自

耗子爬到树梢上

——自高自大

荷包里装针

——锋芒毕露

猴子坐到旗杆上

——唯我独尊

胡同里演戏

——口上热闹

花绸子盖鸟笼

——外面好看里面空

花公鸡的尾巴

——翘得高

花里胡哨的吊灯

——外面好看里面空

花猫蹲在屋脊上

——唯我独尊

花纸糊灯笼

——外面好看里面空

黄鼠狼拖牛

——自不量力；不自量

鸡蛋碰石头

——自不量力；不自量

鸡毛上天

——轻飘飘

鸡群里的仙鹤

——高人一头

贾府的大观园
——外强中干

江湖骗子耍贫嘴
——夸夸其谈

姜太公说相声
——神聊

脚面上长眼睛
——自看自高

叫唤的知了扑翅膀
——自鸣得意

节日放焰火
——天花乱坠

进站的火车
——叫得凶

近视眼看下雪
——天花乱坠

镜子里的影子
——看得见摸不着

军棋比赛
——纸上谈兵

开弓不放箭
——虚张声势

开水泡黄豆
——自大；自我膨胀

扛着牌坊卖肉
——阵势不小；虚张声势

空壳麦穗
——翘得高

空心的大树
——外强中干

空心谷子
——头扬得高

孔夫子门前卖文章
——自不量力；不自量

孔明夸诸葛
——自夸

孔雀的尾巴
——翘得高

孔雀开屏
——翘尾巴

孔雀展翅
——卖弄自己

孔子面前讲《论语》
——忘了自个儿姓名

口吃灯草
——说得轻巧

口技表演
——嘴上功夫

枯树上的知了
——自鸣得意

喇叭匠嘴肿
——没法吹了

喇叭上安鼓风机
——大吹

蓝天上的白云
——轻飘飘

懒婆娘的裹脚布
——又臭又长

老虎吃天
——不着边际

老虎皮，兔子胆
——外壮内虚；外强里虚

老虎上磅秤
——自称威风

老虎添翼
————好威风

老母猪打架
————全凭一张嘴；全仗嘴

老母猪啃瓷砖
————满嘴词(瓷)

老鸦嫌猪黑
————光看别人黑，不见自己黑

老鹰叼大象
————自不量力；不自量

脸上写字
————表面文章

梁上君子
————上不着天，下不着地

两个人吹笙
————你吹我捧

岭上唱歌
————高调

岭头上对歌
————唱高调

龙王爷打哈欠
————好神气

驴粪蛋下霜
————外光里不光；表面光

吕洞宾讲故事
————神话

锣鼓响器一起上
————大吹大擂

骆驼打跟头
————两头不着实

麻袋里的菱角
————个个想出头

麻雀屙屎大过箩
————讲大话；不可信

麻雀和鹰斗嘴
————自不量力；不自量

麻雀下鹅蛋
————不可信

马桶上插花
————只图表面好看

蚂蚁扛大树
————自不量力；不自量

蚂蚁说成大象
————言过其实

蚂蚱头包饺子
————光剩嘴

卖豆腐的扛戏台
————买卖不大，架子不小

卖瓜的夸瓜甜
————自卖自夸

卖花人说花艳，卖菜人讲菜鲜
————自卖自夸

卖糖人儿的出身
————吹出来的；靠吹

卖油的敲锅盖
————好大的牌子

卖鱼的夸鱼鲜
————自卖自夸

馒头里包豆渣
————心里有数；不是好货

满口镶金牙
————嘴里漂亮

猫头鹰上天
————好高骛远

没把的茶壶
————光剩嘴

蒙上眼睛架电线

——瞎扯

蜜罐子嘴

——说得甜

绵羊跑到驴群里

——充大个

棉花堆上散步

——不踏实

庙里的佛爷

——脸上贴金

庙里的金刚

——样子神气

摩天楼上说天书

——高谈阔论

木偶戏表演

——装腔作势

南郭先生吹竽

——不懂装懂

南天门上演说

——高谈阔论

脑壳上安电扇

——大出风头

脑门上挂灯笼

——唯我高明

闹钟打哈哈

——自鸣得意

牛鼻子上的跳蚤逞能

——自高自大

牛群里跑骆驼

——高人一头

爬上马背想飞天

——异想天开

飘上天的气球

——轻浮

破夹袄上绣牡丹

——只图表面好看

七里渡船喊得来

——全凭一张嘴；全仗嘴

气球上天

——飘起来了

墙上的芦苇

——头重脚轻根底浅

敲鼓吹口哨

——自吹自擂

敲锅盖卖烧饼

——好大的阵势

巧八哥的嘴

——能说会道

三分钱买个鸭头

——尽是嘴

三片子嘴

——能说会道

扫把写诗

——说大话

扫帚写家书

——说大话

山间竹笋

——嘴尖皮厚腹中空

十指戴满金戒指

——摆阔气

石缝里的笋

——强出头

屎壳郎飞到车道沟里

——充硬汉

屎壳郎支桌子

——充硬汉

屎坑上搭凉棚

——臭架子；摆臭架子

徒劳无功

八字不见一撇
　　　　　　——没眉目

白骨精想吃唐僧肉
　　　　　　——痴心妄想；妄想

白天打灯笼
　　　　　　——白搭

搬菩萨洗澡
　　　　　　——白费神；空劳神

半天云里扭秧歌
　　　　　　——空喜

抱琵琶进磨坊
　　　　　　——对牛弹琴

杯水车薪
　　　　　　——无济于事；不济事

闭着眼睛撒网
　　　　　　——瞎张罗

扁担搂鸡笼
　　　　　　——鸡飞蛋打

薄刀切葱
　　　　　　——两头空；两落空

参天的大树
　　　　　　——高不可攀

炒韭菜搁葱
　　　　　　——白搭

撑阳伞戴凉帽
　　　　　　——多此一举

秤砣掉鸡窝
　　　　　　——鸡飞蛋打

吃海水长大的
　　　　　　——管得宽

船底雕花
　　　　　　——多此一举

吹笛又找个捏眼的
　　　　　　——多余

打伞披雨衣
　　　　　　——多此一举

大白天掌灯
　　　　　　——多此一举

大风天的蜡烛
　　　　　　——灭了

大海里的浮萍
　　　　　　——没着落

大年三十盼月亮
　　　　　　——痴心妄想；妄想

大网捕小鱼
　　　　　　——劳而无功；有劳无功

担沙填海
　　　　　　——白费工夫；枉费工

担水到河里卖
　　　　　　——劳而无功；有劳无功

担雪填深井
　　　　　　——白费工夫；枉费工

蛋打鸡飞
　　　　　　——两头空；一场空

稻草点灯
　　　　　　——十有九空

灯草搓绳
　　　　　　——白费工夫；枉费工

灯草架屋
　　　　　　——白费工夫；枉费工

灯草织布
　　　　　　——枉费心机

灯盏无油
　　　　　——空费心(芯)；白费心(芯)

碟子里的豆芽
　　　　　　——开不了花，结不了果

顶石头上山
——多此一举；费力不讨好

豆腐垫床脚
——白搭

豆腐垫桌脚
——枉费工

肚子痛擦红药水
——不起作用

短板子搭桥
——不顶用；不顶事

断了线的梭子
——白钻空子

多吃了盐巴
——爱管闲(咸)事

峨眉山的佛光
——可望而不可即

饿肚汉开夜车
——穷忙

二踢脚上天
——空想(响)

饭店门口摆粥摊
——叶着下

飞机上吹喇叭
——想(响)得高

飞机上放大炮
——想(响)得高；空想(响)

飞机上撒网
——空张罗

飞机上跳舞
——空欢喜

飞了鸭子打了蛋
——两头空；两落空

肥皂沫当镜子
——成了泡影

肥猪身上抹油
——多此一举

风扫落叶
——全吹了

凤凰身上插鸡毛
——多此一举

干河撒网
——瞎张罗

甘蔗支危房
——不顶用；不顶事

哥哥的岳母，嫂嫂的娘亲
——废话

隔靴搔痒
——徒劳无功；徒劳无益

跟着汽车拾粪
——白跑

狗逮老鼠
——多管闲事

狗撵〔niǎn〕耗子
——多管闲事

海底捞月
——白忙活；白忙一场

海底捞针
——白费工夫；一场空

耗子充蝙蝠
——白熬夜

河里捞月亮
——白搭工

黑瞎子冬眠
——做美梦

猴子捞月亮
——空喜一场；一场空

画长虫添脚

——多此一举

黄鼠狼拖着鸡毛掸

——空欢喜；空喜一场

火盆里栽花

——枉费工；不想活

鸡蛋壳上找缝

——白费工夫；枉费工

鸡飞蛋打

——一场空

鸡毛点灯

——十有九空

架梯子上天

——痴心妄想；妄想

脚踩石灰路

——白跑

脚底下抹石灰

——白跑

脚踏车撵〔niǎn〕汽车

——望尘莫及

叫花子请客

——穷张罗

叫公鸡下蛋

——异想天开

教猴子爬树

——多此一举

井里打水往河里倒

——多此一举

镜中花，水中月

——可望而不可即

空梭子织布

——枉费心机

空头支票

——不能兑现

癞蛤蟆想吃天鹅肉

——痴心妄想；妄想

烂板子搭桥

——白搭

烂木头架桥

——不顶用；不顶事

烂网打鱼

——一无所获

老鼠搬金

——没用处

老鼠搬生姜

——劳而无功；有劳无功

老鹰捕鸡毛掸

——一场空

梁山的军师

——无(吴)用

柳树开花

——无结果；不结果

骆驼钻针眼

——异想天开

麻雀飞大海

——没着落

麻雀跟着蝙蝠飞

——白熬夜

麻雀落糠堆

——空欢喜；空喜一场

麻雀追飞机

——白费工夫；枉费工

蚂蚁搬秤砣

——白费工夫；枉费工

买咸鱼放生

——徒劳无功；徒劳无益

茅草补柱子
——无济于事；不济事

没有目标乱射箭
——无的放矢

梦中游太空
——想入非非(飞飞)

梦中捉贼
——枉费心机

迷途的信鸽
——没着落

米筛子筛芝麻
——白费神；一无所获

茉莉花喂骆驼
——无济于事；不济事

南山的毛竹
——节节空

泥沟里拨船
——干吃力

撵〔niǎn〕火车拾粪
——白跑

牛耳朵上弹琴
——没用处

捧土加泰山
——不起作用

骑马扛布袋
——白搭

旗杆顶上放鞭炮
——想(响)得高

秋后的树叶
——黄了

蚯蚓刨地
——费力不小，收获不大

拳头打跳蚤
——白费工夫；枉费工

沙漠里播种
——一无所获

沙滩行船
——干吃力

沙子垒坝
——白费工夫；枉费工

筛子挡太阳
——不顶用；不顶事

射箭没靶子
——无的放矢

十八只唢呐齐奏
——全吹了

十个指头按跳蚤
——一个也捉不住

石灰窑里打跟头
——白走一遭

石头缝里挤水
——异想天开

石头上种瓜
——白费工夫；枉费工

石头扎针灸
——没反应

收割了的庄稼地
——一溜精光

手枪打飞机
——够不上

守着公鸡下蛋
——白费工夫；枉费工

数米煮饭
——白费神；空劳神

摔跟头捡票子
——做美梦

水底捞月，天上摘星
————可望而不可即
睡梦里逮鸟
————空扑一场
死诸葛吓走活仲达
————出乎意料
笋子变竹
————节节空
太平洋上的警察
————管得宽
太阳地里打电筒
————多此一举
太阳地里望星星
————白日做梦；梦想
泰山顶上添捧土
————无济于事；不济事
坛子里腌咸菜
————泡汤了
炭筛子筛芝麻
————全落空
天上的彩虹
————可望而不可即
天上掉馅饼
————白日做梦；梦想
天上架桥
————想到办不到
跳蚤顶被窝
————枉费心机
铁锤砸在被窝里
————没反应
铁树开花
————无结果；不结果
兔子跟着马儿跑
————望尘莫及

推着车子上墙
————枉费工
脱把锄头
————没用处
歪脖树上结歪梨
————不成正果
往黄河里灌水
————不起作用
桅杆顶上挂渔网
————空张罗
蚊子叮牛角
————无济于事；不济事
蜗牛耕田
————异想天开
乌龟跟着兔子跑
————望尘莫及
屋里打伞
————多此一举
下雨洒街，刮风扫地
————多此一举
小虫吞大象
————痴心妄想；妄想
小孩爬墙
————高攀不上
小孩玩喇叭
————吹了
小娃娃要单杠
————高攀不上
小鸭吞食大鲨鱼
————痴心妄想；妄想
泻肚吃人参
————无补

涣散离心

白菜地里耍镰刀
　　　　　　——散了心

板门上贴门神
　　　　——一个向东，一个向西

半截梭子织布
　　　　　　——独来独往

棒打鸳鸯
　　　　　　——两分离

包谷面做元宵
　　　　——捏不拢；难捏合

背靠背走路
　　　　　　——各奔东西

冰炭同炉
　　　　　　——两不相投

拆屋唱戏
　　　　——只图欢乐不顾家

唱歌离了谱
　　　　　　——不入调

唱戏的拿马鞭子
　　　　　　——走人了

车走车道，马走马道
　　　——互不相干；各行其是

船到码头车到站
　　　　——各人走各人的路

打出枪膛的子弹
　　　　　　——有去无回

大海里放鱼
　　　　　　——各奔一方

大口碗配个小盖子
　　　——合不拢；合不到一块儿

大师傅拆灶
　　　　　　——散伙(火)

大蒜发芽
　　　　　　——多心

地上的人影
　　　　　　——你走他也走

豆腐渣包饺子
　　　　——捏不拢；难捏合

豆腐渣下水
　　　　　　——散了

豆油滴在水缸里
　　　　　——和不到一块儿

鹅吃草，鸭吃谷
　　　　　——各人享各人福

风干的抄手皮
　　　　——捏不拢；难捏合

风扫杨花
　　　——下落不明；不知下落

高山滚石头
　　　　　　——有去无回

哥俩分家
　　　　　　——各人顾各人

哥上关东，弟下西洋
　　　　　　——各奔东西

胳膊肘朝里拐
　　　　　　——只顾自己

隔着马夹的外套
　　　　　　——不贴心

管乐队演奏
　　　　　　——各吹各的号

耗子滑冰
　　　　　　——溜得快

河里的沙子
　　　　——捏不拢；难捏合

河水不犯井水
　　　——互不相干；各不相干

荷叶包鳝鱼
——溜之大吉；溜啦

花篮里装泥鳅
——跑的跑，溜的溜

黄河管不着长江
——各顾各

黄鼠狼叼鸡
——有去无回

火烧蚂蚁窝
——四处逃散

鸡蛋炒鸭蛋
——各自打散

脚踩西瓜皮，手抓两把泥
——滑的滑，溜的溜

脚踩西瓜皮
——溜啦

脚底抹油
——溜得快

金蝉脱壳
——溜之大吉

井水不犯河水
——各管各的

九个瓦盆摔山下
——四分五裂

卷好铺盖，买定草鞋
——决心出走

开笼放鸟
——有去无回

课堂上玩弹弓
——人在心不在

快鼓配慢锣
——不合拍

狼窝里的肉
——难久留

老虎借猪
——有去无回

老虎推磨
——不听那一套

旅馆里租被子
——另搞一套

麻雀搭窝
——各顾各

蚂蚁找食
——各顾各

满山跑的兔子不回窝
——野惯了

没框的算盘珠
——散了

没王的蜜蜂
——各散四方

木偶的服装
——另搞一套

南山不靠北山
——各管各的

泥人入海
——有去无回

你吹喇叭我吹号
——各吹各的调

牛奔草原羊上山
——各找门路

牛吃草料鸭吃谷
——各人享各人福

排骨抛饿狗
——有去无回

破饺子
——溜边了

破锣嗓子唱山歌
　　　　　　——不入调

钱在手头，食在嘴边
　　　　　　——留不住；难久留

青蛙唱歌
　　　　　　——不合调

倾巢的黄蜂
　　　　　　——一哄而散

清水拌铁砂
　　　　　　——合不到一块儿

人手一把号，各吹各的调
　　　　　　——自行其是

三岔路口分手
　　　　　　——各奔东西

三十六计
　　　　　　——走为上

三月间的芥菜
　　　　　　——起了心

山沟里的住户
　　　　　　——稀稀拉拉

山羊拉车
　　　　　　——不听那一套

山羊野马在一起
　　　　　　——难合群；不合群

失去的光阴灭了的火
　　　　　　——一去不复返

十八口子乱当家
　　　　　　——各自为政

十字路口分手
　　　　　　——各奔前程

树倒猢狲散
　　　　　　——跑的跑，溜的溜

树桩上的鸟儿
　　　　　　——早晚要飞；迟早要飞

双黄蛋
　　　　　　——有二心

双色圆珠笔
　　　　　　——有二心

顺风下水船
　　　　　　——留不住；难久留

唢呐里吹出笛子调
　　　——想(响)不到一块儿；想(响)
　　　　　　　　的不一样

天上的浮云
　　　　　　——一吹就散

铁匠拆炉子
　　　　　　——散伙(火)

腿上贴邮票
　　　　　　——走人了

屋里筑篱笆
　　　　　　——一家分两家

五个人住两地
　　　　　　——三心二意

西瓜皮打鞋掌
　　　　　　——溜啦

相逢不下鞍
　　　　　　——各奔前程

小哥俩出师
　　　　　　——各奔前程

小伙子的胡须
　　　　　　——稀稀拉拉

小卒子过河
　　　　　　——有去无回

行车有车道，行船有航道
　　　　　　——互不相干；各不相干

胸口照镜子
　　　　——有二心
熊耍把戏狗叫唤
　　　　——互不相干；各不相干
盐碱地里的庄稼
　　　　——稀稀拉拉
宴席上吵架
　　　　——不欢而散
羊群遇恶狼
　　　　——四处逃散；各散四方
夜里的雨雪
　　　　——下落不明；不知下落
一边弦子一边大鼓
　　　　——你说你的，我干我的
一个碟子摔九块
　　　　——四分五裂
一个西瓜切九块
　　　　——四分五裂
一人一把号
　　　　——各吹各的调
忆苦会开完了
　　　　——不欢而散

萤火虫照屁股
　　　　——只顾自己
油里掺水
　　　　——合不到一块儿；两分离
又踢又咬的骡子
　　　　——难合群；不合群
鱼苗放大海
　　　　——各散四方
砸了锅子搬了灶
　　　　——散伙(火)
这山看着那山高
　　　　——见异思迁
珠子串断了线
　　　　——散了
庄稼老汉背木锨
　　　　——扬长(场)而去
走到渡口打转身
　　　　——存心不过了
醉翁之意不在酒
　　　　——另有所图

蔑视小瞧

阿斗式的人物
——没能耐

挨了打的夹尾巴狗
——一身可怜相

八月十五过年
——差得远；差远了

八字不见一撇
——差得远；差远了

百叶窗里瞧人
——把人看邪(斜)了

半截砖头
——甩了

半两面做煎饼
——摊不着你

被窝里的跳蚤
——翻不了天

笨鸭子；瘸腿鸭子
——上不了架

笔筒里看天
——眼光狭窄

壁画上的耕牛
——不中用

扁担倒了也认不出来
——一字不识

玻璃缸里的金鱼
——掀不起大浪；翻不了大浪

才出窝的麻雀
——翅膀不硬

踩凳子钩月亮
——差得远；差远了

踩梯子摘星星
——差天远

吃灯草灰长大的
——说话没分量

吃奶娃娃当家
——幼稚得很

痴人说梦
——不屑一听

池塘里的麻雀
——没见过风浪

臭鸡蛋
——甩了

厨房里的垃圾
——鸡毛蒜皮

窗台上种瓜
——长不大

床底下的夜壶
——难登大雅之堂

床底下放风筝
——飞不高

床底下放纸鸢
——出手不高；起手不高

吹火筒当望远镜
——眼光狭窄

打败的鹌鹑斗败的鸡
——上不了阵势

大吊车吊灯草
——不值一提

大海里吐唾沫
——不显眼

大鸡不吃碎米
——看不上眼

大江大海一浪花
——渺小

大路旁的小草
——有你不多，无你不少

大树林里一片叶
　　　　——有你不多，无你不少
大腿上贴对子
　　　　——算哪一门儿
胆小鬼当兵
　　　　——上不了阵势
灯草当秤砣
　　　　——没分量
灯草做琴弦
　　　　——不值一谈(弹)
地里的曲蟮
　　　　——成不了龙
地球安把
　　　　——没法提；提不起来
碟子里栽牡丹
　　　　——根底浅
丢了一枚绣花针
　　　　——小事一宗
冬天的扇子，夏天的火炉
　　　　——没人要；没人爱
冬天的旋风
　　　　——成不了气候；不成气候
冬天卖扇子
　　　　——没人过问
洞庭湖里漂根草
　　　　——渺小
断了翅膀的鸟
　　　　——飞不高
断了腿的蛤蟆
　　　　——跳不了多高
耳后的疙瘩
　　　　——无人理会
二两铁打把刀
　　　　——不够分量

发霉的花生
　　　　——一钱不值
房梁上长草
　　　　——根底浅
飞机上钓鱼
　　　　——差得远；差远了
刚出生的娃娃
　　　　——没见过世面
缸里的金鱼
　　　　——没见过风浪
高射炮打坦克
　　　　——水平太低
稿子写到边
　　　　——不够格
戈壁滩上盖大厦
　　　　——底子差；基础差
隔黄河握手
　　　　——差得远；差远了
隔门缝瞧人
　　　　——看扁了人；把人看扁了
隔门缝瞧诸葛亮
　　　　——瞧扁了英雄
隔着黄河送秋波
　　　　——无人理会
公鸡害嗓子
　　　　——提(啼)不得
狗头上插花
　　　　——配不上；不配
狗熊请客
　　　　——没人上门
狗熊耍扁担
　　　　——就那么几下子
狗咬云雀
　　　　——差天远

谷子里的石头
　　　　——甩了
牯牛身上拔根毛
　　　　——微不足道；微乎其微
罐子掉了底儿
　　　　——不用提了
过时的皇历
　　　　——不中用
孩子的脊梁
　　　　——小人之辈(背)
寒冬腊月打雷
　　　　——成不了气候；不成气候
耗子打瞌睡
　　　　——不显眼
耗子逮蛐蛐儿
　　　　——小收拾
耗子跌面缸
　　　　——白眼看人
耗子眼看天
　　　　——小瞧
和孙猴子比跟头
　　　　——相差十万八千里
黑瞎子坐轿
　　　　——没人抬举
猴攀杠子
　　　　——就那么几下子
猴子登台
　　　　——一出没有
猴子翻跟头
　　　　——就那么几下子
胡萝卜疙瘩
　　　　——上不了席；摆不上桌
花粉喂牲口
　　　　——不够塞牙缝；不够嚼

花盆里栽松树
　　　　——成不了才(材)；不成才(材)
黄鹤楼上看行人
　　　　——把人看矮了
黄鼠狼娶媳妇
　　　　——小打小闹
火钳子上阵
　　　　——算不得兵器
鸡骨头熬汤
　　　　——没多大油水；油水不大
鸡毛搁秤盘
　　　　——没分量
鸡毛与蒜皮
　　　　——微不足道；微乎其微；没多
　　　　　　少斤两
鸡窝里打拳
　　　　——出手不高；起手不高
肩膀上生疮
　　　　——挑不起重担
肩上戴帽子
　　　　——矮了一头
捡根鸡毛当令箭
　　　　——谁听你的
脚板底下长眼睛
　　　　——没见过世面
叫花子夸祖业
　　　　——自己没出息
井底下吹唢呐
　　　　——格调太低
井底下的青蛙
　　　　——没见过世面
井底下划船
　　　　——前途不大

枯树烂木头
——无用之才(材)

快烧尽的木炭
——红火不了多时

筷子充大梁
——不是这块料

烂木头，树杈子
——做不成大梁

烂扫帚上市
——分文不值

老旦唱小生
——不像样

老鸹落在煤堆上
——显不着你

老虎吃蝴蝶
——不够塞牙缝；不够嚼

老虎吃蚂蚱
——不够塞牙缝；不够嚼

老虎的头发
——没人理

老虎爬树
——不懂那一套

老鼠打架
——小抓挠

老鼠看天
——小见识

老头儿的拐棍
——早晚得扔

冷水泡茶
——乏味

两分钱的韭菜
——一小撮

晾衣竿钩月亮
——差天远

六月的火炉
——谁想(向)你

路边上的狗屎
——不值一文(闻)

屡教不改的后生
——没多大奔头

轮船开往亚非拉
——外行(航)

落山的太阳
——没多大亮

麻袋上绣花
——底子差；基础差

麻雀嫁女
——小打小闹

马路旁的电杆
——靠边站

马尾绷琵琶
——不值一谈(弹)

麦秆当秤称人
——把人看轻了

麦秸秆里看人
——小瞧

毛驴备银鞍
——配不上；不配

没娘的孩子
——长不大

眉毛上挂帘子
——不显眼

门缝里看大街
——眼光狭窄

米数颗粒麻数根
——小气鬼

木槌敲金钟
——配不上；不配

木匠打铁
　　　　——不在行

嫩竹扁担
　　　　——挑不起重担

泥捏的勇士
　　　　——上不了阵势

泥鳅比黄鳝
　　　　——差一截子；差一大截

泥人经不住雨打
　　　　——底子差；基础差

牛犊子拉犁耙
　　　　——不在行

牛蹄窝里的水
　　——掀不起大浪；翻不了大浪

披麻袋上朝
　　　　——难登大雅之堂

破麻袋做裙子
　　　　——不是这块料

起重机吊竹篮
　　　　——不值一提

墙头上跑马
　　　　——没多大奔头

三分钱的胡椒粉
　　　　——一小撮

三分钱买烧饼看厚薄
　　　　——小气鬼

筛子底下的糠皮
　　　　——没多少斤两

山腰里一片云
　　——成不了气候；不成气候

深山老林的枯树
　　　　——无用之才(材)

石灰堆里的耗子
　　　　——白眼看人

屎壳郎放屁
　　　　——不值一文(闻)

手榴弹冒烟
　　　　——给谁谁不要

手帕做床单
　　　　——横竖不够料

手帕做门帘
　　　　——不大方

树上的叶子
　　　　——冷落

霜后的桑叶
　　　　——没人睬(采)

水泥柱当顶门杠
　　　　——大老粗

水牛走到象群里
　　　　——矮了一头

说话带奶气
　　　　——幼稚得很

台上唱戏台下打鼾
　　　　——看不上眼

太平洋里一滴水
　　——微不足道；微乎其微

剃头匠发火
　　　　——置之不理

剃头铺关门
　　　　——没人理

天平上称体重
　　　　——把人看轻了

天山顶上一棵草
　　——有你不多，无你不少

天生的柳条子
　——成不了才(材)；不成才(材)

铁路上的车站

——靠边站

兔子打架

——小打小闹

兔子拉车

——不懂那一套

脱毛的凤凰

——不值钱的货

挖耳勺里炒芝麻

——油水不大；小鼓捣

万顷黄沙一棵草

——不显眼

万丈悬崖上的鲜花

——没人睬(采)

望远镜观天

——一孔之见

蚊叮虫咬

——不屑一顾

无根的浮萍

——成不了才(材)；不成才(材)

武大郎的身子

——不够尺寸

武大郎放风筝

——出手不高；起手不高

武大郎看飞机

——眼界不高

西瓜皮打鞋掌

——不是这块料

戏台后头的锣鼓

——没见过大场面

小拇指翘起

——倒数第一；最后一名

蝎虎子掀门帘

——露一小手

写字出了格

——不在行

新衣服打疤疤

——不像样

袖筒里伸出驴蹄

——不是好手

袖筒里伸爪爪

——露一小手

爷俩抓个耗子卖

——没出息

一斗芝麻拈一颗

——有你不多，无你不少

一杆没星的秤

——掂不出轻重

一个吹笛，一个按眼

——俩不顶一

一根木头劈八开

——不大方

一天卖三根黄瓜

——发不了大财

阴沟里的蚯蚓

——成不了龙

萤火虫的屁股

——没多大亮

邮包上吊扫帚

——威信扫地

有北屋，有南墙

——不成东西

冤屈受气

案板上的面团
——任人蹂躏

白骨精照镜子
——里外不是人

包子熟了不揭锅
——窝气

背着黑锅做人
——直不起腰，抬不起头

鼻孔里长了瘤子
——气不顺

鞭打快牛
——忍辱负重

补锅匠的脊梁
——背黑锅

吃了一包回形针
——一肚子委屈(曲)

吹鼓手的肚子
——气鼓气胀；气鼓鼓

吹鼓手赴宴
——吃的胀气饭

吹火筒子
——两头受气

打掉牙往肚里吞
——忍气吞声

打开棺材喊捉贼
——冤枉死人

大道边的驴
——谁爱骑谁骑

挡风玻璃做锅盖
——明受气

刀下的绵羊
——任人宰割；随人宰割

稻草灰
——随人捏

凳子上抹石灰
——白挨

东郭先生救狼
——好心不得好报

冬天的竹笋
——出不了头

堵塞的烟囱
——憋气又窝火

肚脐眼儿发脾气
——满腹牢骚

蹲在皮球里过日子
——受尽窝囊气

恶人告状
——冤枉好人

发酵的面粉
——气鼓气胀；气鼓鼓

放屁打喷嚏〔pēntì〕
——两头没好气

风匣板做锅盖
——受了冷气受热气

风箱板做棺材
——气死人

甘蔗当吹火筒
——出不了这口气

高个子装矮个子
——低声下气

隔夜的豆角
——一肚子气

狗急跳墙
——逼出来的；逼的

狗钻铁篱笆
——两受夹；两头受挤

骨缝里的肉
————两受夹；两头受挤

鼓肚蛤蟆钻喇叭
————忍气吞声

鼓囊囊的皮球
————有气儿

棺材里抹眼泪
————死得屈

锅灶上天
————气炸了；气崩了

蛤〔há〕蟆当鼓敲
————气难消

寒天吃冰棍
————心里有火

旱地里的蛤蟆
————干鼓肚

好汉上梁山
————逼出来的；逼的

好马遭鞭打
————忍辱负重

好人坐班房
————不白之冤

好心遭雷打
————冤枉；太冤枉

耗子跌灰堆
————憋气又窝火

耗子钻风箱
————两头受气

红蓝铅笔
————两头挨削

猴子上圈套
————任人摆弄

黄狗偷食打黑狗
————冤枉；太冤枉

火烧车轮
————气炸了；气崩了

夹着尾巴做人
————忍气吞声

借米还糠
————气鼓气胀；气鼓鼓

进站的火车
————窝火又泄气

井里吹喇叭
————低声下气

井里的吊桶
————由人摆布；任人摆布

客厅里的木地板
————任人践踏；由人踩

老虎头上捉虱子
————好心不得好报

老猫犯罪狗戴枷
————无辜受累

老母猪进了屠宰场
————任人宰割；随人宰割

龙灯的脑壳
————由人摆布；任人摆布；任人耍

路边的小草
————任人践踏；由人踩

轮胎上的气门芯
————里外受气

骆驼挨鞭子
————忍辱负重

猫偷食狗挨打
————无辜受累

庙会上舞狮子
——任人耍；由人玩耍

庙里的钟
——任人敲打

磨米不放水
——干挨

木框里的算盘珠子
——由人摆布；任人摆布

木偶戏表演
——由人摆布；任人摆布

木鱼命
——一辈子挨打

南瓜菜就窝头
——两受屈

鸟入笼中
——任人摆弄

牛鼻子穿环
——让人牵着鼻子走

牛犊子学耕田
——让人牵着鼻子走

农夫救蛇
——好心不得好报

破蒸笼蒸馒头
——气不打一处来；浑身是气

七尺汉子过矮门
——不得不低头

七个矮人睡一头
——低三下四

七个人通阴沟
——低三下四

屈死鬼进衙门
——鸣冤叫屈

染坊里的大缸
——由人摆布；任人摆布

人在屋檐下
——不得不低头

赛场上的足球
——被人踢来踢去

三九天扇扇子
——心里有火

筛子做锅盖
——气不打一处来

上等轮胎
——有气难出

烧红的煤炭吞下肚
——心里有火

烧煤油炉子
——火不打一处来

身居屋檐下
——不得不低头

湿灶烧湿柴
——有火发不出

石灰遭毒打
——平白无故

手心里的小虫
——随人捏

受潮的火柴
——有火发不出

寺庙的木鱼
——任人敲打

碎了碟子又打碗
——气上加气

孙猴子进风箱
——受气大王

贫穷悲苦

《百家姓》少了第二姓
——没有钱

暗室里穿针
——难过

白水做饭
——无米之炊

百里草原一人家
——孤孤单单

半晌打不出喷嚏〔pēntì〕来
——难受

半夜里吃黄连
——暗中叫苦

抱黄连敲门
——苦到家了

背着黄连爬大山
——又苦又累

被窝里抹眼泪
——独自悲伤

鼻尖上抹黄连
——眼前苦；苦在眼前

财神爷摆手
——没有钱

拆东墙补西墙
——堵不完的窟窿

拆散了的鸳鸯
——孤单得很

扯裤子补补丁
——堵不完的窟窿

城隍庙里打饥荒
——穷鬼

吃凉粉发抖
——凉透心；冷透心

吃了一筐烂杏
——心酸得很

吃了猪苦胆
——心里苦

窗纱做衣裳
——浑身是窟窿

床板夹屁股
——有苦难诉；有苦说不出

床上铺黄连
——困苦

醋坛子里泡胡椒
——尝尽辛酸

打掉门牙肚里咽
——有苦难诉；有苦说不出

打翻了五味瓶
——不知啥滋味

打破脑瓜充硬汉
——活受罪

打针吃黄连
——痛苦

大船载太阳
——勉强度(渡)日

大观园里哭贾母
——各有各的伤心处

大脚穿小鞋
——钱(前)紧；难受

灯里缺油
——干熬

独木桥
——难过

肚里吞金
——心里沉重；心理负担太重

肚脐眼里上药
——心里有病

肚子里长草

——闹饥荒

对着墙壁流眼泪

——独自悲伤

饿汉嗑瓜子

——吃不饱肚子；饱不了人

二八月的庄稼

——青黄不接

二三四五六七八九

——缺衣(一)少食(十)

翻白眼看青天

——一无所有

饭桌上的抹布

——尝尽了酸甜苦辣

刚出土的黄连

——苦苗苗

关门打财神

——穷极了

锅盖上的米花子

——受尽了熬煎

过年敲锅盖

——穷得叮当响

孩子离了娘

——无依无靠

喝了黄连猪胆汤

——一肚子苦水

喝了两斤老陈醋

——心酸得很

和影子交朋友

——孤单得很

胡椒浸在醋里

——辛酸得很

胡子上的饭粒

——吃不饱肚子；饱不了人

花骨朵碰在屠刀上

——心碎

怀揣冰棍

——凉透心；冷透心

黄蜂锥裤裆

——苦衷难诉

黄连拌苦瓜

——苦上加苦

黄连打官司

——诉苦

黄连炖猪苦胆

——苦不堪言

黄连木雕娃娃

——苦孩子

黄连泡瓜子

——苦人(仁)儿

黄连树上的蛀虫

——硬往苦里钻

黄连树下喊上帝

——叫苦连天

黄连树下一颗草

——苦苗苗

黄连树下种苦瓜

——苦上加苦

黄连水里泡竹笋

——苦透了

黄连水洗头

——苦恼(脑)

黄连水洗澡

——从头苦到脚；浑身苦

黄连窝里生下来的

——苦出身

黄连汁里泡三年

——苦透了

火柴棍搭桥
——难过

火烧大梁
——长叹(炭)

火烧旗杆
——长叹(炭)

火烧乌龟
——心里痛

家里房子着了火
——一无所有

叫花子搬家
——一无所有

叫花子炒三鲜
——要一样没一样

叫花子吃豆腐
——一穷二白

叫花子打狗
——穷极了

叫花子的衣物
——破烂不堪

叫花子跌在石灰堆里
——一穷二白

叫花子赶街
——分文没有

叫花子碰上大雪天
——饥寒交迫

叫花子睡觉
——穷困

街上的流浪汉
——无家可归

借票子做衣服
——浑身是债

借钱还钱
——堵不完的窟窿

井底栽黄连
——苦得深

九死一生的幸运儿
——死去活来

口含黄连脚踏苦胆
——从头苦到脚;浑身苦

口咽黄连
——心里苦

苦瓜攀苦藤
——苦到一块了儿

苦瓜树上结黄连
——一个更比一个苦

苦瓜蒸黄连
——苦闷(焖)

苦水里泡大的杏核儿
——苦人(仁)儿

筷子穿针眼
——难过

腊月里吃黄连
——寒苦

烂板子搭桥
——难过

老虎舔糨糊
——不够糊嘴

老太太走独木桥
——难过

离群的羊羔
——孤孤单单

林黛玉葬花
——自叹命薄

临死还吃黄连
——命苦

鹭鸶飞过养鱼池
——眼饱肚中饥

落榜听见喜鹊叫
　　　　——惨不忍闻

马蜂叮屁股
　　　　——痛不可言

蚂蚁身上长疖子
　　　　——浑身是病

麦子未熟秧未插
　　　　——青黄不接

满嘴塞黄连
　　　　——说不出的苦

没娘的孩子
　　　　——无家可归

眉毛胡子都生疮
　　　　——全是毛病

眉毛上挂猪胆
　　　　——眼前苦；苦在眼前

煤球店里搭戏台
　　　　—— 一唱三叹(炭)

迷途的羔羊
　　　　——无家可归

牛踩乌龟背
　　　　——心里痛

牛骨头煮胶
　　　　——难熬

拍一下肩膀屁股痛
　　　　——浑身是病

胖大海掉进黄连水
　　　　——苦水里泡大的

披着蓑衣啃红薯
　　　　——穿没穿啥，吃没吃啥

平地搭梯子
　　　　——无依无靠

牵牛上独木桥
　　　　——难过

敲着饭碗讨吃的
　　　　——穷得叮当响

穷汉下饭馆
　　　　——肚里空，兜里光

穷人的日子
　　　　——难熬

穷人掉雪窟
　　　　——又冷又饿

三九天的叫花子
　　　　——又冷又饿

三年没人登门槛
　　　　——孤家寡人

三十晚上逼债
　　　　——年关难过

丧家的狗
　　　　——无家可归

身上背筛子
　　　　——浑身是窟窿

失群的大雁
　　　　——孤孤单单

霜打的豆荚
　　　　——难见天日；不见天日

松板夹骆驼
　　　　——两头吃苦

逃荒的落户
　　　　——举目无亲

困难棘手

按牛头喝水
　　　　——办不到；没法办

八个油瓶七个盖
　　　　——难周全

八十岁学吹鼓手
　　　　——气力不足

板凳上睡觉
　　　　——难翻身

半天云里挂帐子
　　　　——没处落脚；落不得脚

被埋没的陶俑
　　　　——永无出头之日；难出头

笨驴子过桥
　　　　——步步难

笨牛吃麻雀
　　　　——不好捉弄

鼻梁上推小车
　　　　——走投（头）无路

冰山上跑火车
　　　　——行不通；走不通

玻璃上跑车
　　　　——没辙

玻璃罩里的苍蝇
　　　　——处处碰壁

参谋皱眉头
　　　　——一筹（愁）莫展

苍蝇碰上蜘蛛网
　　　　——难脱身；脱不了身

茶壶里打伞
　　　　——支撑不开

茶壶里下挂面
　　　　——难捞

茶壶里下元宵
　　　　——好进难出；好进不好出

长江后浪推前浪
　　　　——一波未平，一波又起

炒豆大家吃，砸锅一人兜
　　　　——倒霉透了；真倒霉

陈醋当黄酒喝
　　　　——哭笑不得

吃罐头没刀
　　　　——口难开；不好开口

出门逢债主，回屋难揭锅
　　　　——内外交困

床底下拜年
　　　　——永无出头之日；难出头

床底下抡大斧
　　　　——不好使家伙

刺猬皮包钢针
　　　　——里外扎手

从石头里挤水
　　　　——办不到；没法办

搭梯子上天
　　　　——走投无路

大风吹倒帅字旗
　　　　——出师不利

大风天吃炒面
　　　　——难开口；口难开；不好开口

大海里的浪涛
　　　　——一波未平，一波又起

大海里放鸭子
　　　　——难收回；收不回来

大脚穿小鞋
　　　　——迈步难

大胖子过窄门
　　　　　　　　——难进

大象逮老鼠
　　——有劲使不上；有力无处使

大象嘴里拔牙
　　　　　　　　——难办

稻草人救火
　　　　　　　——自身难保

灯笼做枕头
　　　　——难撑；承受不起

电梯抛锚
　　——不上不下；上不上，下不下

电梯失灵
　　　　——上下两难；上下为难

吊桶落进井里
　——不上不下；上不上，下不下

掉在枯井里的牛犊
　　——有劲使不上；有力无处使

顶风顶水划船
　　　　　　——硬撑；死撑

东家起火，西家冒烟
　　　　——一波未平，一波又起

冬瓜秧爬上葡萄架
　　　　　　　——难分难解

冻豆腐
　　　　　——难办(拌)

冻僵的蟒蛇
　　　　　　——动弹不得

斗大的线团子
　　　　　　——难缠

豆腐挡刀
　　　　　　——招架不住

豆腐脑洒地上
　　　——难收拾；不可收拾

豆腐做门墩
　　　　　——难负重任

豆渣撒在灰堆上
　　　——难收拾；不可收拾

短木搭桥
　　　　　　——难到岸

对着墙壁走路
　　　　　——没门儿；无门

剁〔duò〕不烂的牛肉调馅子
　　　　　　——难办(拌)

鹅吞鸡头
　　　　　　——卡壳了

饿汉抱着胖刺猬
　　——抱着嫌扎手，丢又舍不得

饿汉啃鸡头
　　　　　　——卡壳了

耳朵眼里下棋
　　　　　——摆不开架势

二虎把门
　　　　　　——难进难出

法儿他妈哭法儿
　　　　　　——没法儿了

房檐上逮鸡
　　　　　　——不好捉弄

房子烧了又挨大雨
　　　　　　——内外交困

放出笼子的鸟
　　　——难收回；收不回来

飞机上吊螃蟹
　　　——没处落脚；落不得脚

干泥巴做元宵
　　　　　　——没法做

赶集走进死胡同
　　　　　　——此路不通

赶鸭子上树
　　　　　　——办不到；没法办

橄榄核垫台脚
　　　　　——横也不是，竖也不是

刚扯帆就遇顶头风
　　　　　　——出师不利

钢丝绳穿针
　　　　　——难通过；通不过

高粱地里打阳伞
　　　　　　——难顶难撑

高粱秆当柱子
　　　　　　——难顶难撑

高粱秆推磨子
　　　　　　——玩不转

戈壁滩上找泉水
　　　　　　——难极了

隔沟看见鸭吃谷
　　　　——干瞪眼，白瞪眼

隔黄河赶车
　　　　　　——鞭长莫及

隔着长江握手
　　　　　——办不到；没法办

给刺儿头理发
　　　　　　——难题(剃)

公鸡刨乱麻
　　　　　　——脱不了爪

公鸡钻篱笆
　　　　　　——进退两难

公要抄手婆要面
　　　　　　——左右为难

狗熊见了刺猬
　　　　——奈何不得；无可奈何

狗嘴巴上贴对联
　　　　　——没门儿；无门

刮大风打伞
　　　　　　——支撑不开

关进笼子里的猴子
　　　　　　——抓耳挠腮

滚水锅里洗澡
　　　　　　——难进

海底打捞绣花针
　　　　　　——无法

海底打拳
　　——有劲使不上；有力无处使

旱田的螺蛳
　　　　　　——有口难开

航船遇沙滩
　　　　　　——搁浅

耗子进笼子
　　　　——无出路，没有出路

耗子啃木头
　　　　　　——吃不消

喝凉水塞牙缝
　　　　——倒霉透了；真倒霉

喝水塞牙，放屁扭腰
　　　　　　——倒霉极了

喝西北风堵嗓子
　　　　——倒霉透了；真倒霉

黑瞎子捧刺猬
　　　　——碰到棘手事；棘手

红薯窖里打拳
——施展不开

喉咙卡骨头
——吞不下，吐不出

猴吃辣椒
——抓耳挠腮

猴子爬皂角树
——碰到棘手事；棘手

猴子推磨
——玩不转

狐狸遇上地老鼠
——无法；没办法

湖底的鱼
——不好打

花匠捧仙人球
——扎手

桦木扁担
——吃不住劲

火车道上推小车
——步步有坎；一步一个坎

火车离轨
——寸步难行

鸡蛋壳垫床脚
——担当不起

鸡蛋壳里舞刀枪
——打不开场面

鸡毛想上天
——谈何容易

鸡窝里打太极
——摆不开架势

家家都有一本难念的经
——各有难处

家雀进笼子
——有翅难飞

肩膀上生疮
——担当不起

脚板上长鸡眼
——寸步难行

脚底长疮
——寸步难行

脚底下钉钉
——寸步难行

脚跟拴石头
——寸步难行

脚踏两只船
——进退两难

揭开蒸笼拣年糕
——烫手

金针落塘
——永无出头之日；难出头

近视眼穿针
——大眼瞪小眼

井里撑船
——有劲使不上；四面碰壁

救火没水
——干着急

开水锅里抓汤圆
——烫手

考场上皱眉头
——遇到难题了

扣在筛子下面的麻雀
——无法；没法；没办法

筷子穿针眼
——办不到；没法办

拉牛入鼠洞
——行不通；走不通

癞蛤蟆过江
——自身难保

癞蛤蟆拴在鳖脚上
——跳不高，爬不快

癞蛤蟆遇田鸡
——难兄难弟

烂瓜皮当帽子
——霉到顶了

烂泥补柱子
——难顶难撑

烂泥里摇桩
——越陷越深

烂眼睛招苍蝇
——倒霉透了；真倒霉

老汉学吹打
——喘不上气；上气不接下气

老牛掉进深泥潭
——不能自拔

老牛掉眼泪
——有口难言

老牛钻狗洞
——难通过；通不过

老牛钻耗子洞
——行不通；走不通

老鼠给大象指路
——越走越窄

老鼠跑到磨眼里
——行不通；走不通

老鼠抬轿子
——担当不起

老鼠钻牛角
——路子越走越窄；此路不通

老鼠钻瓶子
——好进难出；好进不好出

老太婆住高楼
——上下两难；上下为难

老鹰抓蓑衣
——脱不了爪

李逵裹脚
——难办；难缠

鲤鱼咬钓钩
——吞不下，吐不出

梁上君子
——不上不下

两分钱买了一包花生米
——吃不了兜着走

两个泥菩萨过河
——谁也救不了谁

临渴才掘井
——干着急

笼子里的鸟
——有翅难飞

乱线团掉刺窝
——难理清

骆驼打滚
——难翻身；翻不了身

骆驼进鸡窝
——没门儿；无门

麻秸抵门
——难撑

麻雀误入泥水沟
——无路可走

马高镫短
——上下两难；上下为难

马尾拴鸡蛋
——难缠；悬得很

马陷淤泥
————进退两难

蚂蟥趴在牛尾上
————甩不掉；甩不脱

蚂蟥钻进牛鼻孔
————难去掉

蚂蚱驮砖头
————招架不住

卖灰面遇大风
————倒霉透了；真倒霉

蟒蛇缠身
————挣不脱

猫钻耗子洞
————行不通；走不通

毛竹扁担挑泰山
————担当不起

没骨子的伞
————支撑不开

没嘴的葫芦
————难开口；口难开；不好开口

煤球搬家
————倒霉(煤)

门槛上推车
————进退两难

门角里耍拳
————摆不开架势

篾匠赶场挑一担
————前后为难(篮)

磨道的驴子
————走不出圈套

泥菩萨过河
————自身难保

泥水沟里游泳
————施展不开

抛了锚的汽车
————寸步难行

屁股碰到城墙
————没退路

屁股上插针
————坐立不安

瓶子里的苍蝇
————无出路；没有出路

泼在地上的水
————难收拾；不可收拾

破船过江
————人人自危

七尺缸里打飞脚
————处处碰壁

骑在老虎背上
————欲罢不能

麒麟角，蛤蟆毛
————天下难找

千斤担子肩上搁
————负担太重

千斤担子一人挑
————压趴了

牵牛上纸桥
————难上加难；难上难

前怕狼后怕虎
————进退两难

蜻蜓飞进蜘蛛网
————命难逃

墙头上跑马
————路子窄

拳头捣蒜
————辣手

惹祸招灾

老太太荡秋千

　　　　——不要命；玩命干

抱着金砖跳海

　　　　——人财两空

背着粪篓满街串

　　　　——找死(屎)；寻死(屎)

鼻梁上放菜刀

　　　　——好险；冒险；危险

鼻头上落马蜂

　　　　——眼前受到威胁

闭着眼睛跳崖

　　　　——盲目冒险

冰雹过后洪水来

　　　　——多灾多难

冰雹砸破脑袋

　　　　——祸从天降

苍蝇撞上癞蛤蟆

　　——自送一口肉；送来的口食

超车不鸣号

　　　　——想惹祸

扯着老虎尾巴喊救命

　　　　——找死；送死；寻死

城墙上骑瞎马

　　　　——好险；冒险；危险

出得龙潭，又入虎穴

　——躲了一灾又一灾；祸不单行

刀尖上过日子

　　　　——危在旦夕

刀尖上耍把戏

　　　　——不要命；玩命干

刀尖上跳舞

　　　　——凶多吉少

东郭先生救狼

　　　　——好心没好报

冬天躲在雪地里

　　　　——找死；送死；寻死

洞庭湖上踩钢丝

　　　　——凶多吉少

独木桥上唱猴戏

　　　　——不要命；玩命干

独木桥上跑马

　　　　——好险；冒险；危险

独木桥上散步

　　　　——走险

肚里长瘤子

　　　　——心腹之患

肚皮上贴膏药

　　　　——心腹之患

躲过棒槌挨榔头

　——躲了一灾又一灾；祸不单行

躲了雷公，遭了霹雳

　　　　——在劫难逃

饿虎进宅

　　　　——四邻不安

发大水出丧

　　　　——天灾人祸

房檐上玩把戏

　　　　——不要命；玩命干

放虎归山

　　——留下祸根；留下后患

飞机失事
——祸从天降

风前烛，瓦上霜
——危在旦夕

刚出火坑，又落陷阱
——躲了一灾又一灾；祸不单行

高飞的鸟儿遇老鹰
——凶多吉少

隔山的石头砸脑袋
——飞来的横祸

狗皮膏药补渔网
——千孔百疮；于事无补

狗腿子进村
——四邻不安

关门养虎
——后患无穷

光着脚丫踩玻璃碴儿
——走险

光着脚丫子走刀刃
——自取其祸；惹祸上身

鬼子扫荡人拉网
——十室九空

滚水泼老鼠
——在劫难逃

滚汤锅里的螺蛳
——死路一条

蛤〔há〕蟆被牛踏
——浑身是伤；死里逃生

蛤蟆跳进蟒蛇嘴
——找死；送死；寻死

耗子逗猫
——自取其祸；惹祸上身

猴子戴金冠
——惹祸大王

猴子坐宫殿
——惹祸大王

虎口里探头
——找死；送死；寻死

黄蜂窝里伸手
——招惹大祸

黄浦江上走钢丝
——险得很

黄鼠狼进鸡窝
——大难临头；灾祸临头

火烧胡子
——眼前就是祸；祸在眼前

火烧眉毛
——眼前就是祸；祸在眼前

鸡斗黄鼠狼
——找死；送死；寻死

蛟龙翻大海
——百姓遭难；四方遭灾

进网的鱼虾
——找死；送死；寻死

蝌蚪撵〔niǎn〕鸭子
——找死；送死；寻死

蜡人玩火
——害自身

癞蛤蟆躲端午
——躲过初五，躲不过十五

老虎近身
　　　　——开口是祸
老虎屁股上抓痒痒
　　　　——自取其祸；惹祸上身
老鼠进口袋
　　——找死；送死；寻死；自己
　　　　　　找死
老鼠碰上猫
　　　　——在劫难逃
老太太过溜冰场
　　　　——走险
邻居失火
　　　　——不救自危
龙王爷发怒
　　　　——百姓遭难；四方遭灾
骆驼过独木桥
　　　　——步步有险；一步三分险
麻雀和鹰斗嘴
　　　　——拿性命开玩笑
蚂蚁身上砍一刀
　　　　——浑身是伤
卖小人书的打烂船
　　　　——人财两空
密封船下水
　　　　——开口是祸
破筛子贴膏药
　　　　——千孔百疮
破渔网
　　　　——千孔百疮
骑马坐船
　　　　——三分险

牵着张三回家
　　　　——引狼入室
切菜刀剃头
　　　　——好险；冒险；危险
杀猪刀子刮胡子
　　　　——太悬乎
沙子筑坝
　　　　——后患无穷
舌头磨剃头刀
　　　　——好险；冒险；危险
蛇头上的苍蝇
　　——自送一口肉；送来的口食
神仙打架
　　　　——凡人遭殃
石块落在脑袋上
　　　　——大难临头；灾祸临头
拾粪老汉起五更
　　　　——找死(屎)；寻死(屎)
屎壳郎打灯笼
　　　　——找死(屎)；寻死(屎)
屎壳郎爬粪堆
　　　　——找死(屎)；寻死(屎)
手榴弹捣蒜
　　　　——好险；冒险；危险
手痒去捅马蜂窝
　　　　——想惹祸
孙猴钻进铁扇公主肚子里
　　　　——心腹之患
唐三藏过火焰山
　　　　——凶多吉少

提着笸筐拾粪
————找死(屎)；寻死(屎)

跳网的鱼儿又吞钩
————躲了一灾又一灾；祸不单行

头上着火
————不救自危

兔子逗老鹰
————自取其祸；惹祸上身

万丈高楼失足，扬子江心翻船
————没命

网里的鱼虾
————一个也溜不掉

五更天的梆子
————处处挨打

小孩爬到井台上
————太悬乎

烟囱上翻跟头
————不要命；玩命干

眼睛上出芽子
————不是好苗头

羊闯虎口
————自送一口肉；送来的口食

羊圈里关狼
————自招祸灾

羊群里钻进一只狼
————遭殃

养蛇咬自己
————自取其祸；惹祸上身

野猫进宅
————鸡犬不宁

野牛闯进瓷器店
————危在旦夕；全军覆灭

一个桩上拴两头牛
————迟早要闯祸

引狼入室
————自招祸灾

蚱蜢斗公鸡
————找死；送死；寻死；自己找死

斩草不除根
————后患无穷

砧板上的蚂蚁
————刀下减食

醉汉开车
————不要命；玩命干

糊涂拙笨

案板上的肉，篮子里的鱼
　　　　　——等着挨刀
八辈子的老陈账
　　　　　——说不清
搬石头打脑壳
　　　　　——自己跟自己过不去
半夜叫城门
　　　　　——自找钉子碰
半夜起来喝稀粥
　　　　　——迷迷糊糊
不识字的人看布告
　　　　　——一抹黑
苍蝇掉在酱缸里
　　　　　——糊糊涂涂；糊里糊涂
苍蝇落到米汤里
　　　　　——糊涂虫
茶馆里开除的伙计
　　　　　——哪壶不开提哪壶
搽米汤上吊
　　　　　——糊涂死了
城隍老爷发神经
　　　　　——鬼迷心窍
秤杆掉了星
　　　　　——不识斤两
吃多了安眠药
　　　　　——不醒悟
吃了对门谢隔壁
　　　　　——晕头转向
吃了迷魂汤
　　　　　——不省人事
出东门，往西拐
　　　　　——糊涂东西
出膛的子弹
　　　　　——不认人

初二三的夜晚
　　　　　——处处不明
穿冬衣戴夏帽
　　　　　——不知春秋
穿高跟鞋上山
　　　　　——自己跟自己过不去
刺笆林里的斑鸠
　　　　　——不知春秋
错把洋芋当天麻
　　　　　——不知好歹；好歹不分
大白天的猫头鹰
　　　　　——睁眼瞎
大海里下竿子
　　　　　——不知深浅
大胡子喝面汤
　　　　　——越吃越糊涂
大胖子走窄门
　　　　　——自己跟自己过不去
大雾笼罩山腰
　　　　　——不识真面目
呆子求情
　　　——有理说不清；讲不清道理
呆子做账房先生
　　　　　——糊糊涂涂；糊里糊涂
戴礼帽的偷书
　　　　　——明白人办糊涂事
戴墨镜上煤堆
　　　　　——一团漆黑
戴着帽子找帽子
　　　　　——糊涂到顶了
戴着眼镜找眼镜
　　　　　——昏头昏脑；昏了头
顶风扬帆
　　　　　——不辨风向

丢了西瓜捡芝麻
　　　　——不知哪大哪小

丢下黄羊撵〔niǎn〕兔子
　　　　——不知哪大哪小

东郭先生救狼
　　　　——善恶不分

冬天摇蒲扇
　　　　——不知春秋

懂三又懂五
　　　　——就是不懂事(四)

豆腐拌腐乳
　　——越弄越糊涂；越搞越糊涂

豆腐渣炒藕片
　　　　——迷(弥)了眼

肚子里板油太多了
　　　　——蒙了心窍

对着镜子扮鬼脸
　　　　——丑化自己

对着镜子骂人
　　　　——自己跟自己过不去

对着镜子伸拳头
　　　　——自己吓唬自己

对着张飞骂刘备
　　　　——寻着惹气

鹅卵石掉酱缸
　　　　——糊涂蛋

二愣子上擂台
　　　　——寻着挨揍

发高烧的病人
　　　　——神志不清

番薯脑壳檀木心
　　　　——不灵通

干河撒网
　　　　——呆子

干活打瞌睡
　　　　——迷迷糊糊

甘蔗当吹火筒
　　　　——一窍不通

擀面杖吹火
　　　　——一窍不通

隔布袋买猫
　　　　——不知底细

隔山买羊
　　　　——不知黑白

给个棒槌当针使
　　　　——傻干

公说公有理，婆说婆有理
　　　　——不知谁是谁非

狗熊爬墙头
　　　　——笨手笨脚

狗咬贵宾
　　　　——不识好人

狗咬吕洞宾
　　　　——不识好人心

谷子稗子堆一垛
　　　　——好坏不分；不分好坏

顾了洗锅，忘了烧火
　　　　——晕头转向

瓜地里选瓜
　　　　——越看越眼花

蛤〔há〕蟆跳井
　　　　——不懂(扑通)

蛤蟆钻窟窿
　　　　——眼光短，办法笨

好心当成驴肝肺
　　　　——不识好歹

耗子遇见猫
　　　　——傻了眼

黑漆灯笼

——糊涂不明

黑瞎子耍门扇

——人熊家伙笨

葫芦秧套南瓜秧

——拉扯不清

糊涂官判案

——是非不清

糊涂老板糊涂账

——难算；算不清

糊涂庙里糊涂神

——糊涂到一块儿了

花椒木雕孙猴

——麻木不仁(人)

黄河里的水

——说不清

黄牛打喷嚏〔pēntì〕

——笨嘴拙舌

昏官断案

——审不清，断不明

几百年的老陈账

——难算；算不清

脊背上背鼓

——等着挨捶

济公走路

——疯疯癫癫

见了大嫂唤大姑

——不认人

糨糊锅里煮扳不倒

——浑小子

糨糊洗脸

——头脑不清

脚戴帽子头顶靴

——上下颠倒

脚盆里洗脸

——上下颠倒

井底丢砖头

——不懂(扑通)

卷舌头念文章

——含糊其辞；含含糊糊

砍倒大树捉鸟

——傻干

看见麦苗叫韭菜

——五谷不分

拉着布袋找布袋

——糊糊涂涂；糊里糊涂

篮子里挑花

——越看越眼花

烂鼻子闻猪头

——不知香臭；闻不着香臭

烂膏药贴好肉

——没病找病

老鼠咬象鼻

——不识大体

老太太学绣花

——心灵手笨

莲藕吹风

——似通非通；半通不通

两手架鼓

——等着挨敲

刘姥姥进了大观园

——看花了眼；花了眼

柳树雕的娃娃

——木头人

龙王揍河神

——自家人打自家人；自打自

驴子听相声

——茫然不懂

萝卜当棒槌

——不识货

萝卜干当人参

——不识货

麻袋里装猪

——不知黑白

马大哈当会计

——糊涂账

马桶里倒香水

——香臭不分；香臭难分

卖糨糊的敲门

——糊涂到家

毛玻璃眼镜

——模糊不清；看不清

茅厕里栽桂花树

——香臭不分；香臭难分

眉毛上长牡丹

——看花了眼；花了眼

煤灰搽脸

——自己给自己抹黑

门神揍灶神

——自家人打自家人；自打自

米汤炒莲藕

——糊了眼

米汤盆里洗脸

——糊糊涂涂；糊里糊涂

米汤洗脚，糨子搽脸

——糊涂一生

米汤洗头

——糊涂到顶了

米汤煮芋头

——糊糊涂涂；糊里糊涂

面汤锅里洗澡

——糊涂人

母猪吵架

——笨嘴拙舌

木鱼张嘴

——等着挨敲

脑袋成了葫芦

——头昏脑涨

泥菩萨掉冰窟

——愣（冷）神

泥娃娃的脑壳

——七窍不通

牛犊子捕家雀

——心灵身子笨

刨倒树捉老鸹

——笨透了

皮匠不带锥子

——糊涂蛋

七个人睡两头

——颠三倒四

七根棒槌堆一堆

——颠三倒四

七斤面粉调了三斤糨糊

——尽办糊涂事

七窍通六窍

——一窍不通

骑驴扛布袋

——蠢人蠢事

骑着骆驼找骆驼

——昏头昏脑；昏了头

青蛙跳塘

——不懂（扑通）

三分面加七分水

——十分糊涂

三岁小孩贴对联

——上下颠倒

杀鸡用上宰牛的劲

　　　　　——真笨

傻二哥算账

　　　　——糊糊涂涂；糊里糊涂

傻瓜伸脑壳

　　　　　——呆头呆脑

山洞里迷了路

　　　　　——摸不清方向

山羊吃薄荷

　　　——食而不知其味；全不知味

伤风鼻塞

　　　　——似通非通；半通不通

上山背石头

　　　　　——真笨

十字街头迷了向

　　　　——晕头转向；糊涂东西

十字路口迷了向

　　　——不知走哪条路；不分东西

石灰拌白糖

　　　　　——两不分明

石灰倒在煤场里

　　　——黑白不分；混淆黑白

石灰木炭一把抓

　　　——黑白不分；混淆黑白

石狮子的脑袋

　　　　　——七窍不通

拾到篮里都是菜

　　　——不知好歹；好歹不分

屎壳郎戴墨镜

　　　　　——昏天黑地

屎壳郎喝稀饭

　　　　——越吃越糊涂

寿星跌跟头

　　　　　——老得发昏

苏木当柴烧

　　　　　——不识货

孙悟空遇唐僧

　　　——有理说不清；讲不清道理

唐僧的眼睛

　　　　　——不认识好坏人

唐僧遇见白骨精

　　　　　——敌我不分

挑盐巴腌海

　　　　　——尽干傻事

铁砣掉井里

　　　　——不懂(扑通)

徒弟充师傅

　　　——啥事不懂；不懂事

兔子枕着鸟枪睡

　　　　——自找不自在

娃娃当家

　　　——啥事不懂；不懂事

娃娃掉到糨糊盆里

　　　　　——糊涂人

屋前挖陷阱

　　　　——自己坑害自己

无事钻烟囱

　　　　——自己给自己抹黑

武大郎耍棍子

　　　　——人熊家伙笨

雾中的鲜花

　　　——模糊不清；看不清

惜钱不治病

　　　——自己跟自己过不去

洗脸盆里游泳

　　　　——不知深浅

鲜鱼烂虾一锅煮

　　　——不知好歹；好歹不分

蛮横无理

挨打的狗去咬鸡

——拿别人出气

八哥啄柿子

——拣软的欺

八只脚的螃蟹

——横行霸道

拔河比赛

——强拉硬拽〔zhuài〕

鞭子抽蚂蚁

——专拣小的欺

瘪〔biě〕肚臭虫

——要叮人

不开花的玫瑰

——尽刺

擦亮眼睛更敢干

——明目张胆

踩着鼻子上脸

——欺人太甚；太欺负人

踩着肩头拉屎

——欺人太甚；太欺负人

草帽当锅盖

——乱扣帽了

茶馆里伸手

——胡(壶)来

茶壶里喊冤

——胡(壶)闹

扯着老虎尾巴

——抖威风

秤砣掉在橱柜里

——砸人饭碗

吃着海椒训人

——说话带辣味

戳〔chuō〕破了的灯笼

——冒火

刺笆林里放风筝

——胡缠；胡搅蛮缠

打狗不赢咬鸡

——欺小怯大

打着公鸡生蛋

——强人所难

大白天打劫

——明目张胆

大街上的疯子

——惹不得

大鱼吃小鱼，小鱼吃虾米

——大的欺负小的；弱肉强食

戴斗笠坐席子

——独霸一方

当面锣对面鼓

——明打明敲

地头蛇，母老虎

——不是好惹的

毒蜘蛛织网

——碰不得

肚里装着冰坨子

——说话冷冰冰硬邦邦

恶狼专咬瘸腿猪

——以强凌弱

恶人先告状

——反咬一口

饿肚汉打冤家

——借机(饥)闹事

饿着肚子造反

——借机(饥)闹事

摁着牛头喝水
　　　　　——耍蛮劲

发菜炒豆芽
　　　　　——纠缠不清

翻了篓的螃蟹
　　　　　——到处横行

饭熟揭锅盖
　　　　　——气冲冲

疯狗的脾气
　　　　——见人就咬；乱咬人

赶鸭子上岸
　　　　　——硬逼

赶鸭子上架
　　　　　——强人所难

擀面杖插到鸡窝里
　　　　　——捣蛋

高山毛栗子
　　　　　——浑身是刺

虼蚤〔gè·zao〕的脾气
　　　　　——一碰就跳

狗打石头人咬狗
　　　　　——岂有此理

狗咬秤砣
　　　　——好硬的嘴；嘴硬

鼓着肚子说话
　　　　　——气粗

光着脑壳打伞
　　　　——无法(发)无天

海龙王翻身
　　　　　——兴风作浪

焊条碰钢板
　　　　　——冒火

好斗的山羊
　　　　——顶顶撞撞；又顶又撞

耗子扛枪
　　　　　——窝里横

黑瞎子打立正
　　　　　——一手遮天

横着扁担走路
　　　　　——霸道

喉咙卡骨头
　　　　　——说话带刺

猴王闹天宫
　　　　　——大打出手

猴子爬上粪堆顶
　　　　　——妄想称王

狐狸洞里扛扁担
　　　　　——窝里横

葫芦秧套南瓜秧
　　　　——胡缠；胡搅蛮缠

花果山的猴子
　　　　　——无法无天

火车响汽笛
　　　　　——火气冲天

火炉子里烧油
　　　　——乱来；尽干危险事

鸡蛋里挑骨头
　　　　　——故意找碴儿

叫花子咬牙
　　　　　——穷横

酒壶里插棒棒
　　　　　——胡(壶)搅

救了落水狗
　　　　　——反咬一口

开了瓶的啤酒
　　　　　——好冲

扛着竹竿过马路
　　　　　——霸道

空手走亲戚
　　　　　——无理(礼)

裤兜里的跳蚤
　　　　　——乱咬

筷子伸到茶壶里
　　　　　——胡(壶)搅

腊月里扇扇子
　　　　　——火气太大

腊月里生孩子
　　　　——动(冻)手动(冻)脚

老虎身上的虱子
　　　　　——惹不起

老太太吃桃子
　　　　——专拣软的捏

老藤爬树
　　　　　——缠住不放

雷公打豆腐
　　　　　——拣软的欺

雷公打架
　　　　　——天翻地覆

雷公劈海椒
　　　　　——火辣辣的脾气

雷公劈蚂蚁
　　　　——声势凶；大的欺负小的

李逵发脾气
　　　　　——暴跳如雷

李逵抢板斧
　　　　　——以势压人

俩螃蟹打架
　　　　　——纠缠不清

脸丑怪镜歪
　　　　　——强词夺理

六月的蚊子
　　　　　——叮住不放

龙王发脾气
　　　　　——兴风作浪

龙王爷发怒
　　　　　——张牙舞爪

鲁智深倒拔垂杨柳
　　　　　——蛮劲十足

马背上跌跤，牛背上抽鞭
　　　　　——迁怒于人

马蜂针，蝎子尾
　　　　　——惹不起

蚂蟥叮住螺蛳脚
　　　——抓住不放；揪住不放

卖艺的练拳脚
　　　　　——连踢带打

猫嘴里掏泥鳅
　　　　　——夺人所好

毛驴啃石磨
　　　　　——嘴巴好厉害

没等开口三巴掌
　　　　　——不由分说

摸黑吃桃子
　　　　　——专拣软的捏

拿锅盖戴头上
　　　　　——乱扣帽子

南瓜秧攀葫芦
　　　　　——纠缠不清

脑袋瓜儿长疮
　　　——不是好剃的头；刺儿头

牛吃赶车人
　　　　　——无法无天

牛犊子撒娇
——顶顶撞撞；又顶又撞

扭着脖子想问题
——尽讲歪道理

螃蟹过街
——横行霸道

螃蟹满地爬
——到处横行

螃蟹造反
——横冲直撞

屁股底下安弹簧
——一蹦老高

骑在脖颈上撒尿
——欺人太甚；太欺负人

汽车坏了方向盘
——横冲直撞

强盗打先锋
——贼横

人头上砸核桃
——欺人太甚；太欺负人

人字双写着
——不从也得从

三寸舌头是软的
——横说竖说都有理

三个醉汉撒酒疯
——闹个不停

山中的野猪
——嘴巴好厉害

山中无老虎，猴子便疯狂
——妄想称王

狮子龙灯一起舞
——张牙舞爪

十冬腊月出房门
——动(冻)手动(冻)脚

收了庄稼到田间
——找碴(茬)儿

手里的泥丸
——要扁就扁，要圆就圆

手心里的面团
——要扁就扁，要圆就圆

耍皮影子的
——尽捉弄人

水壶里翻跟头
——胡(壶)闹

四大金刚讨饭
——穷凶极恶；穷横

四十里地不换肩
——抬杠的好手

孙猴子上了花果山
——称王称霸

踏着脖子敲脑壳
——欺人太甚；太欺负人

铁匠教徒弟
——只讲打

铁匠铺开门
——动手就打

秃尾巴狗
——又歪又横

兔子枕着猎枪睡
——胆大包天

娃儿要妈妈摘星星
——蛮不讲理

万岁爷剃头
——不要王法(发)

蚊子唱小曲儿
——要叮人

蚊子咬秤锤
　　　　——好硬的嘴；嘴硬
窝里的马蜂
　　　　——惹不起；不是好惹的
无赖打路人
　　　　——无理取闹
戏台上起年号
　　　　——称王称霸
瞎猫抓住死老鼠
　　　　——咬住不放
线团打架
　　　　——纠缠不清
小偷打警察
　　　　——岂有此理
小偷击鼓进大堂
　　　　——恶人先告状
鸭子吵棚
　　　　——闹翻天
衙门里的酷吏，宅门里的狗
　　　　——仗势欺人
阎王讨债
　　　　——催命鬼
羊群里跑骆驼
　　　　——抖威风
腰里拴扁担
　　　　——横行一方
咬了葫芦藤
　　　　——嘴巴好厉害
要饭的打狗
　　　　——穷凶极恶；穷横
要你抓鸡，你偏捉鹅
　　　　——故意捣乱

野马脱缰
　　　　——横冲直撞
一个指头和面
　　　　——硬搞
一脚登上泰山
　　　　——蹦得高
一张嘴巴两张皮
　　　　——横说竖说都有理
一只筷子吃藕
　　　　——专挑眼；尽挑眼
阴雨天的霹雳
　　　　——大发雷霆
油锅里撒盐
　　　　——闹个不停
油壶里打跟头
　　　　——胡(壶)闹
有枣无枣三杆子
　　　　——乱打一通
玉帝爷出征
　　　　——大动干戈
张飞翻脸
　　　　——吹胡子瞪眼
张飞上阵
　　　　——横冲直撞
张飞讨债
　　　　——气势汹汹
蒸包子不放馅儿
　　　　——是个蛮(馒)头
竹林里放纸鸢
——胡缠；胡搅蛮缠；没事找事
属公鸡的
　　　　——好斗
属豪猪的
　　　　——浑身是刺

懒惰贪馋

《百家姓》读掉头个字
——开口就说钱；钱字当头

八十岁老头牵猴子
——玩心不退

抱元宝跳井
——舍命不舍财；爱财舍命

抱着金砖咽气
——舍命不舍财；爱财舍命

鼻头上抹蜂糖
——干馋捞不着

病人拍皮球
——有气无力；少气无力

蚕宝宝吃桑叶
——胃口越来越大

草包竖大汉
——能吃不能干

钞票洗眼
——见钱眼开

吃饭馆，住旅店
——什么事也不管

吃饭舔碗边
——吝啬鬼

吃盐翻跟头
——闲(咸)得发慌

吃着碗里瞧着锅里
——贪得无厌；贪心不足

厨子解围裙
——不干了

穿孔的车胎
——泄气

穿木屐〔mùjī〕干活
——拖拖沓沓；拖拖拉拉

瓷公鸡，玻璃猫
——一毛不拔

大车拉煎饼
——贪(摊)得多

大观园里的闺秀
——四体不勤，五谷不分

大河里洗煤炭
——闲着没事干

大懒差小懒
——都是懒汉

大懒使小懒
——懒对懒

大石板压蛤蟆
——鼓不起劲来

带着碗赶现成饭
——白吃

戴着乌纱帽不上朝
——养尊处优

当了皇帝想成仙
——贪得无厌；贪心不足

倒了油瓶不扶
——懒到家了

到了泰山想黄山
——这山望着那山高

得了雨衣还要伞
——贪得无厌；贪心不足

等天上掉馅儿饼
——坐享其成

笛子吹火
——到处泄气

弟兄分家争勺子
——斤斤计较

斗败的公鸡
——有气无力；少气无力

断线的纸鸢
——东游西荡

鹅食盆不许鸭插嘴
——吃独食

饿汉抢猪头
——争嘴吃

饿汉下馆子
——大吃大喝

饿狼窜进羊厩
——想饱口福

饿狼吞食
——一副贪相

乏驴子上磨
——无精打采；没精打采

饭来张口，衣来伸手
——坐享其成

飞过的麻雀也要扯根毛
——爱占便宜

佛爷脸上刮金子
——刻薄

胳膊肘朝里拐
——好处自己揣

割草的捡到大西瓜
——捞外快

更夫打瞌睡
——白吃干饭

狗吃牛屎
——只图多；贪欲太大

狗叼来的肉猫吃了
——坐享其成

狗抢肉团子
——争嘴吃

鼓捣财神爷的口袋
——想发意外之财

官仓里的大老鼠
——肥吃肥喝

耗子不留隔夜粮
——吃光用光

耗子看粮仓
——监守自盗

侯门的小姐，王府的少爷
——四体不勤，五谷不分

喉咙里伸出手来
——真馋；嘴太馋

黄鼠狼借鸡
——有借无还

浑水摸鱼
——想捞一把；捞一把

急着讨债碰南墙
——财迷转向

贾府的后代
——坐享其成

见到肉的鹰
——眼红；红眼

毽子上的鸡毛
　　　　——钻进钱眼里了

九寸加一寸
　　　　——得寸进尺

酒肉朋友的交情
　　　　——吃吃喝喝

空手抓鱼
　　　　——白捞

孔夫子的弟子
　　　——四体不勤，五谷不分

口水流到肚脐上
　　　　——垂涎三尺

癞蛤蟆张口
　　　　——专吃自来食

狼叼来的喂狗
　　　　——白享受

老虎吃羊羔
　　　　——不吐骨头

老虎借猪狗借骨
　　　　——有借无还

老牛拉破车
　　　　——松松垮垮

老头摇铃铛
　　　　——玩心不退

老蜘蛛的内脏
　　——满肚子私(丝)；一肚子私
　　　　　　　　　　　　(丝)

鲤鱼跳船上
　　　　——不劳(捞)而获

两个肩膀抬张嘴
　　　　——光等吃

淋了雨的老绵羊
　　　　——无精打采；没精打采

刘备借荆州
　　　　——有借无还

搂着金条睡觉
　　　　——守财奴

炉前的耙子，装钱的匣子
　　　　——抠门儿；够抠门了

旅店里的臭虫
　　　　——吃客

轮胎打气
　　　　——有进无出

马食槽不许驴插嘴
　　　　——独吞

卖煎饼的说梦话
　　　　——贪(摊)得多

卖煤的跟个狗
　　　　——净吃闲饭

卖牛肉的面孔
　　　　——斤斤计较

猫爪伸到鱼池里
　　　——想捞一把；捞一把

帽子掉地都不捡
　　　　——懒到家了

没跟的鞋子
　　　　——拖拖沓沓；拖拖拉拉

眉毛上失火
　　　　——眼红；红眼

米满粮仓人饿倒
　　　——舍命不舍财；爱财舍命

庙台上拉屎
——懒鬼

母鸡跌米缸
——饱餐一顿

木匠收家什
——不干了

奶娃娃张口
——光等吃

螃蟹进了鱼篓子
——有进无出

皮球上磨刀
——泄气

剖腹藏珍珠
——舍命不舍财；爱财舍命
——得寸进尺

墙缝里的蛇咬人
——出嘴不出身

荞麦皮里挤油
——死抠

缺口镊子
——一毛不拔

扔下铁锤拿灯草
——拈轻怕重

日头晒屁股
——懒人

三合板上雕花
——刻薄

丧家的狗
——东游西走

傻子不识打更
——敲竹杠

筛子当锅盖
——到处泄气

上等牙刷
——一毛不拔

蛇进曲洞
——有进无出

蛇头上的苍蝇
——专吃自来食

拾钱不认街坊
——见利忘义

甩手掌柜
——什么事也不管

睡梦里抱元宝
——财迷心窍；财迷

孙大圣赴蟠桃宴
——偷吃偷喝

孙大圣管蟠桃园
——监守自盗

躺在棺材里想金条
——贪心鬼

讨吃的喂猴
——玩心不退

铁公鸡
——一毛不拔

铁公鸡请客
——一毛不拔

铁匠改行学弹花
——拈轻怕重

铜钱当眼镜
——一切向钱看；认钱不认人

挖耳勺刨地

　　　　——小抠

娃娃过年

　　　　——光图吃

无家可归的流浪汉

　　　　——东游西荡

吸铁石吸芝麻

　　　　——有利就沾

县太爷盗金库

　　　　——财迷心窍；财迷

小河沟里抓虾

　　　　——想捞一把；捞一把

小偷的钱包

　　　　——不义之财

星星跟着月亮走

　　　　——沾光

兄弟哥们请客

　　　　——大吃大喝

牙长手短

　　　　——好吃懒做

盐场里罢工

　　　　——闲(咸)得发慌

阎王爷啃猪头

　　　　——馋鬼

眼睛上贴钞票

　　　　——认钱不认人

羊闯虎口

　　　　——有进无出

腰里别算盘

　　　　——时刻为个人打算

一口吃了九个馒头

　　　　——贪欲太大

衣食不愁想当官，做了大官想成仙

　　　　——贪得无厌；贪心不足

鹦鹉的嘴巴

　　　　——会说不会做

鹰饱不抓兔，兔饱不出窝

　　　　——懒对懒

萤火虫照屁股

　　　　——只顾自己

用人家的火做自家的饭

　　　　——爱占便宜

有壳蝉儿不叫

　　　　——懒虫

有了五谷想六谷

　　　　——贪得无厌；贪心不足

枕着烙饼挨饿

　　　　——懒死了

蜘蛛拉网

　　　　——自私(织丝)

猪八戒掉到泔水桶里

　　　　——大吃大喝

竹子当鼓

　　　　——敲竹杠

属老母猪的

　　　　——吃饱就睡

虚假狡猾

把娃娃当猴耍
　　　　　——愚弄人

白骨精打跟头
　　　　　——鬼把戏

白骨精骗唐僧
　　　——一计不成又生一计

白骨精说人话
　　　　　——妖言惑众

白脸狼穿西服
　　　　　——装文明人

白脸狼戴礼帽
　　　　　——冒充善人

白糖嘴巴刀子心
　　　　　——口蜜腹剑

白铁斧头
　　　　　——两面光

扳倒是鼓，反转是锣
　　　　　——两面派

班门弄斧
　　　　　——假充内行

半夜吹笛子
　　　　　——暗中作乐

半夜登门
　　　　　——不怀好意

半夜掘墓
　　　　　——捣鬼

半夜偷鸡
　　　　——看不见的勾当

背后拉弓
　　　　　——暗箭伤人

被窝里使眼色
　　——自欺欺人；自己哄自己

裱糊匠上天
　　　　　——胡(糊)云

不叫的黄蜂
　　　——暗伤人；暗里伤人

裁衣不用剪子
　　　　　——胡扯

苍蝇叮鸡蛋
　　　　　——无孔不入

豺狼披羊皮
　　　——冒充好人；充好人

馋猫挨着锅台转
　　　　　——别有用心

长虫过篱笆
——有空就钻；无孔不入；光钻
　　　　空子；见缝就钻

唱戏的胡子
　　　　　——假的

吃蜂蜜说好话
　　　　　——甜言蜜语

吃了海椒啃甘蔗
　　　　　——嘴甜心辣

吃着油条唱歌
　　　　　——油腔滑调

痴人说梦
　　——胡言乱语；胡说八道

床底下支张弓
　　　　　——暗箭伤人

吹灯打哈哈
　　　　　——暗中作乐

吹灭灯挤眼
　　　　——看不见的勾当

此地无银三百两
　　——自欺欺人；自己哄自己

从发面团上拔毛
　　　　　——无中生有

醋罐里泡枣核
　　　　——尖酸；又尖又酸

打出来的口供
　　　——不足信；信不得；假的

打铁不用锤
　　　　——硬充能耐

打一巴掌揉三揉
　　　——假仁假义；虚情假意

大虫打哈哈
　　　　——笑面虎

大头娃娃跳舞
　　　　——改头换面

大腿上画老虎
　　　　——吓唬老百姓

当面是人，背后是鬼
　　　　——伪君子

刀切酥油
　　　　——两面光

盗墓贼作案
　　　　——捣鬼

碉堡里伸机枪
　　　　——伺机伤人

掉在水里的肥皂
　　　　——滑得很

掉在油缸里的老鼠
　　　——滑头；滑头滑脑

丢掉了邮包
　　　　——失信于人

东拉葫芦西扯瓢
　　　　——胡拉乱扯

冬瓜皮做帽子
　　　——滑头；滑头滑脑

豆腐渣包饺子
　　　　——捏不拢

豆芽拌粉条
　　　　——勾结

毒蛇爬竹竿
　　　——又狡(绞)又猾(滑)

毒蛇钻进竹筒里
　　　　——假装正直

肚脐眼里说话
　　　　——谣(腰)言

端着糨糊上天
　　　　——胡(糊)云

缎子被面麻布里
　　　　——表里不一

恶狗戴佛珠
　　　　——冒充善人

恶狼学狗叫
　　　　——没怀好意

恶狼装羊
　　　——不存好心；居心不良

恶人告状
　　　——不存好心；居心不良

饿鹰不吃小鸡
　　　——冒充斯文；假斯文

鳄鱼流眼泪
　　　——假慈悲；假慈善

鳄鱼上岸
　　　　——来者不善

耳朵塞棉花
　　　　——装聋作哑

发了疯的猴子
　　　　——上蹿下跳

翻穿皮袄过草原
　　　　——装样(羊)子

反转葫芦，倒转蒲扇
　　　　——出尔反尔

饭盒里盛稀饭
——装糊涂

缝衣针碰着绣花针
—— 一个比一个尖；尖对尖

割韭菜不用镰刀
——胡扯

公鸡跌下油缸
——毛光嘴滑

狗不吃屎，狼不吃肉
——假装；装假

狗不吃屎
——不足信；没人信；信不得

狗吃青草
——装样(羊)子

狗啃麦根
——装样(羊)子

狗舔猫鼻子
——不存好心；居心不良

狗头军师
——尽出鬼点子

狗熊戴礼帽
——装大人物

狗熊戴手表
——装体面

刮风扫地，下雨泼街
——假积极

挂羊头卖狗肉
——弄虚作假；表里不一

光筷子夹豌豆
——滑头对滑头

鬼子兵进村
——来者不善

刽子手咧嘴
——笑里藏刀

刽子手念经
——假充善人

海蜇头做帽子
——装滑头

红薯干充天麻
——冒牌货

猴子戴眼镜
——冒充斯文；假斯文

后脑勺拍巴掌
——背后整人

狐狸吵架
—— 一派胡(狐)言

狐狸大夫给鸡看病
——不怀好意

狐狸跟着老虎走
——狐假虎威

狐狸进宅院
——来者不善

狐狸精变美人
——迷人心窍

狐狸精告状
—— 一派胡(狐)言

狐狸装猫叫
——想投机(偷鸡)

狐狸做梦
——想投机(偷鸡)

花木兰从军
——冒名顶替

化装表演
——改头换面

黄鼠狼顶草帽
——装文明人

黄鼠狼给鸡拜年

　　——来者不善

黄鼠狼给鸡送礼

　　——不怀好意

黄鼠狼钻鸡笼

　　——想投机(偷鸡)

火柴棒剔牙

　　——专找缝子钻

火车头带车皮

　　——勾(钩)搭得紧

火练蛇钻进泥菩萨肚里

　　——装神气

鸡蛋掉在油锅里

　　——滑透了

鸡蛋里挑骨头

　　——无中生有

奸商同骗子做生意

　　——尔虞我诈

江湖佬卖假药

　　——招摇撞骗

脚踩棒槌，头顶西瓜

　　——两头耍滑

叫哈巴狗咬狮子

　　——唆人上当

借粉搽脸蛋

　　——装体面

借着醉酒说胡话

　　——别有用心

今日三，明日四

　　——反复无常

金针对钻头

　　——一个比一个尖；尖对尖

举手放火，收拳不认

　　——无赖

客厅里挂磨盘

　　——不是实话(石画)

口传家书

　　——言而无信

口贴封条

　　——装聋作哑

筷子掉油篓

　　——又奸(尖)又猾(滑)

拉二胡的练功

　　——耍手腕

烂脑瓜戴上新毡帽

　　——冒充好人；充好人

老虎吃豆腐

　　——口素心不善

老虎烧香

　　——冒充善人

老猫犯罪狗戴枷

　　——嫁祸于人；替人顶罪

老母猪戴眼镜

　　——冒充斯文；假斯文

老洋芋充天麻

　　——公开作假

脸上含笑，脚下使绊子

　　——暗伤人；暗里伤人

刘备摔阿斗

　　——收买人心

麦苗当成韭菜割

　　——胡拉乱扯

卖布不用尺

　　——胡扯

猫不吃咸鱼

　　——假正经；假装正经

猫不吃腥
　　　　——冒充斯文；假斯文
猫给老鼠吊孝
　　　　——假仁假义；虚情假意
猫哭老鼠
　　——假慈悲；假慈善；假伤心
猫鼠交朋友
　　——不足信；没人信；信不得
茅草窝里的毒蛇
　　　　——暗伤人；暗里伤人
没睡打呼噜
　　　　　　——装迷糊
眉毛上搭梯子
　　——放不下脸；脸面上下不来
米筛子当玩具
　　　　　　——耍心眼
摸着光头逗乐
　　　　　　——耍滑头
魔术师变戏法
　　　　　　——无中生有
魔术师的本领
　　　　　　——弄虚作假
木偶上戏台
　　　　　　——幕后操纵
木头楔子
　　　　　——光会钻空子
脑壳上搽猪油
　　　　——滑头；滑头滑脑
脑壳上顶西瓜
　　　　　——滑头对滑头
泥鳅黄鳝交朋友
　　　　　——滑头对滑头
泥瓦匠砌墙
　　　　　——两面三刀

牛角对菱角
　　　　——一对奸(尖)
牛头不对马嘴
　　　　　——胡拉乱扯
藕炒豆芽
　　　　　——内外勾结
螃蟹的脚杆
　　　　　——弯弯多
跑了耗子来了狐狸
　　　　——一个比一个刁
捧着泥鳅玩
　　　　　——耍滑头
屁股上捅一刀
　　　　　——背后整人
骗子碰到骗子
　　　　　——尔虞我诈
漂亮姐的耳环
　　　　——光会钻空子
破棉袄套绸衫
　　　　　——装面子
七寸脚穿三寸鞋
　　　　　——活受罪
强盗扮书生
　　　——冒充斯文；假斯文
强盗敲门
　　　　　——来者不善
墙上的壁虎
　　——光钻空子；见缝就钻
墙上的蝎子
　　　　——专找缝子钻
墙上画老虎
　　　　　——吓唬人
窃贼上房
　　　　　——偷梁换柱

青石板上抹油
——滑得很

清水倒在白酒里
——以假冒真

日落东山水倒流
——弥天大谎

三节棍上天
——诽谤(飞棒)

鲨鱼学黄鳝
——尽想滑

筛子里的米粒
——无孔不入

山里的狐狸
——狡猾透了

上房拆梯子
——断人后路

申公豹的脑袋
——人前一面，人后一面

石匠使拳头
——硬充能耐

屎壳郎爬到书本上
——冒充圣人

手里的泥鳅
——滑透了

说真方卖假药
——冒牌货

说着正东往西走
——言行不一

算卦先生的葫芦
——肚里有鬼

孙悟空变山神庙
——假的

台上耍魔术
——假的

太阳照到墙洞里
——光钻空子；见缝就钻

替人哭爹娘
——假伤心

天塌了用头顶
——假充好汉

跳梁小丑
——上蹿下跳

铁匠铺开张
——煽风点火

铁丝串铜铃
——两头溜

投机商做买卖
——招摇撞骗

土蚕钻进花生壳里
——假充好人(仁)；冒充好人(仁)

土地爷理发
——鬼头鬼脑

兔子打架
——上蹿下跳

玩魔术的绝技
——耍花招

王八吃竹竿
——满肚子瞎编；嘴能编

王熙凤的为人
——两面三刀

王爷的管家
——欺上瞒下

问客杀鸡
——假仁假义；虚情假意

西山猛虎不咬人
——有假无真

稀饭倒进口袋里

——装糊涂

戏台上打出手

——花招多

象牙筷子挑凉粉

——滑头对滑头

小虫子啃沙梨

——暗里使坏

小孩子摆神位

——你哄我，我哄你

小蜜蜂说话

——甜言蜜语

小偷不用化装

——贼头贼脑

小偷盯耗子

——贼眉鼠眼

小偷照镜子

——贼头贼脑

小鸭蛋冒充大鸡蛋

——蒙混过关

猩猩戴礼帽

——装文明人

绣花枕头一包糠

——表里不一

许不下羊羔许骆驼

——巧言哄人

阎王爷讲故事

——鬼话连篇

阎王爷贴告示

——鬼话连篇

阎王爷照相

——鬼头鬼脑

掩耳盗铃

——自欺欺人；自己哄自己

眼镜上贴膏药

——遮人眼目；看不透

演戏扮司令

——假威风

杨二郎的兵器

——两面三刀

咬人的狗不露齿

——暗伤人；暗里伤人

叶公好龙

——口是心非

一拳打死只蚊子

——假充好汉

一手遮天，一手捂地

——瞒上瞒下

油煎橄榄核

——又奸(尖)又猾(滑)

鱼目混珠

——以假冒真

院子里挖陷阱

——坑到家了

灶门前干活

——煽风点火

针尖上抹油

——又奸(尖)又猾(滑)

衰败没落

鸡子儿跌跟头
——完蛋

白露过后的庄稼
——一天不如一天

背油桶救火
——惹火烧身；引火烧身

被虫子咬过的果实
——未老先衰

冰雹砸荷叶
——不堪一击

兵败如山倒
——溃不成军

病重不吃药
——等死

跛脚马上战场
——有死无活

跛脚马上阵
——没有好下场

初一晚上走路
——漆黑一片

打了败仗的士兵
——溃不成军

大风吹倒玉瓶梅
——落花流水

稻草人救火
——惹火烧身；引火烧身；同归
于尽

灯草做火把
——一亮而尽

等公鸡下蛋
——没指望

跌翻鸟窝砸碎蛋
——倾家荡产

跌下崖的汽车
——翻了

冬天的落叶树
——一片萧条

冬天的蚊子
——销声匿迹

独眼骡子换瞎马
——越来越糟

断了翅膀的苍蝇
——嗡嗡不了几天

断了腿的蛤蟆
——没几天蹦头；蹦跶不了几天

恶狼落陷阱
——作恶到头了

放风筝断了线
——没指望

飞机翻跟头
——倒栽葱

飞行员跳伞
——一落千丈

肥皂泡
——不攻自破

风吹蜡烛
——说灭就灭

风地里一盏灯
——说灭就灭

风筝脱了线
——摇摇欲坠

釜底抽薪
——奄奄一息(熄)

干河滩里栽牡丹
——好景不长

干塘里的鲤鱼
——没几天蹦头；蹦跶不了几天

罐子里栽花
——活不久；活不长

过年的猪
——活不久；活不长

蛤〔há〕蟆掉进滚水锅
——死路一条

旱地的乌龟
——无处逃生

旱地里的螃蟹
——横行不了几天

耗干了油的灯盏
——奄奄一息(熄)

耗子吃砒霜
——难活命；性命难保

耗子进老鼠夹
——离死不远

耗子啃菜刀
——死路一条

耗子遇见猫
——命难逃

耗子钻炉膛
——自取灭亡

猴子滚绣球
——滚的滚，爬的爬；连滚带爬

猴子偷南瓜
——滚的滚，爬的爬；连滚带爬

后半夜做美梦
——好景不长

花瓶里的鲜花
——一天不如一天

化脓的疖子
——不攻自破

黄昏走到悬崖边
——日暮途穷

黄鼠狼落难
——作恶到头了

浑水洗澡
——越来越糟

火烧草山
——没有救；没得救

火烧蝎子洞
——连窝端

鸡公跑进狐狸群
——白送死

叫花子打了碗
——倾家荡产

叫花子跳井
——穷途末路

进网的黄花鱼
——离死不远

开了花的竹子
——活不久；活不长

蝌蚪的尾巴
——寿命不长

癞蛤蟆遭牛踩
——末日来临

老雕变野猫
——越变越糟

老虎落陷阱
——命难逃

老虎尾巴绑扫帚
——威风扫地

老鼠跌烟囱
——死路一条

老鼠上了老鼠夹
——死到临头；死在眼前

雷公打豆腐
——不堪一击

雷雨天下冰雹

——一落千丈

离枝的鲜花

——活不久；活不长

鲤鱼碰网

——自取灭亡

漏盆里洗澡

——快活不了多久

炉火上泼水

——奄奄一息(熄)

麻袋换草袋

——一代(袋)不如一代(袋)

马到悬崖不收缰

——死路一条

满天飞乌鸦

——漆黑一片

蟒蛇进鸡窝

——完蛋；一锅端

门缝里夹鸡子儿

——完蛋

梦里做皇上

——快活不了多久

梦中游苏杭

——好景不长

密网捕鱼

——连窝端

棉花堆失火

——没有救；没得救

墨汁煮元宵

——漆黑一团

木勺炒豆子

——同归于尽

逆风放火

——惹火烧身；引火烧身

爬上屋脊的螃蟹

——横行到顶了

螃蟹进油锅

——横行到头了

披麻救火

——惹火烧身；引火烧身

骑兵掉河里

——人仰马翻

气球上天

——不攻自破

前有悬崖，后有追兵

——死路一条

强震中心的坏房

——土崩瓦解

秋后的黄蜂

——欲凶无力

秋后的青蛙

——销声匿迹

秋后的蚊子

——销声匿迹；嗡嗡不了几天

雀蛋碰石头

——白送死

三十晚上盼月亮

——没指望

沙滩上画画

——好景不长

沙子筑坝

——一冲便垮

山上的枯藤

——腐朽

少年长白发

——未老先衰

屎壳郎爬到牛角尖里

——绝路一条

水浇石灰船

——没有救；没得救

炭黑做汤圆

——漆黑一团

螳螂当大车

——粉身碎骨

躺倒的枯树

——腐朽

逃难跑到死胡同

——绝路一条

天上的彩虹

——好景不长

铁锤打纸鼓

——不堪一击

铁锤砸核桃

——粉身碎骨

屠场里的肥猪

——末日来临；等死

土岗子上闹旱灾

——山穷水尽

兔死还要跳三跳

——垂死挣扎

脱了轨的火车

——翻了

王八吃西瓜

——滚的滚，爬的爬；连滚带爬

王小二过年

——一年不如一年

乌龟进沙锅

——丢盔卸甲

乌龟驮西瓜

——滚的滚，爬的爬；连滚带爬

蜈蚣见公鸡

——命难逃

午后看太阳

——每况愈下

捂着脑袋赶老鼠

——抱头鼠窜

戏台上的官

——快活不了多久

戏台上的装饰

——好景不长

雪堆的假山

——好景不长

羊闯狼窝

——白送死

羊羔跟水牛顶角

——败得惨

药王爷摇头

——没法治；没治了

一桶开水烫在狗身上

——遍体鳞(淋)伤

引狼入室

——自取灭亡

羽毛扇扑火

——惹火烧身；引火烧身

纸糊的大鼓

——不堪一击

纸糊的锣鼓

——经不起打击

醉汉过铁索桥

——上晃下摇

恶行陋习

老太太吃海蜇
　　　　　——搬嘴弄舌
苍蝇飞到驴胯上
　　　　　——抱粗腿
自大加一点
　　　　　——变臭了
屎壳郎搬家
　　　　——不守本分(粪)
关云长放屁
　　　　　——不知脸红
老王掉进酒缸里
　　　　　——成了罪(醉)人
烂汽车过朽桥
　　　　　——乘人之危
老母猪摆擂台
　　　　　——丑八怪逞能
猫头鹰报喜
　　　　　——丑名(鸣)在外
癞头婆月夜串门子
　　　　　——丑人丑事
光屁股上坟场
　　　　　——丑死人
三花脸照镜子
　　　　　——丑相
袜子当帽子
　　　　　——臭出头了
屎壳郎叫门
　　　　　——臭到家了
洗脚水倒在阴沟里
　　　　　——臭到一块了
坐在井沿上放屁
　　　　　——臭得不浅

棺材里打屁
　　　　　——臭死人
香龛上挂粪桶
　　　　　——臭死祖先
马桶改水桶
　　　　　——臭味还在
老鸹钻出烟囱
　　　　——从黑道上来的
赵匡胤押江山
　　　　　——大赌
年三十讨蒸糕
　　　　　——丢人
绣花枕头稻草心
　　　　　——肚里没好货
老鼠吃满了三斗六
　　　　　——恶贯满盈
老虎不吃人
　　　　　——恶名在外
马桶盖上钻眼儿
　　　　　——放臭气
六个指头给人抓痒
　　　　　——格外巴结
光身子穿长衫
　　　　——光图阔气不嫌丑
蔡瑁迎刘备
　　　——好话说尽，坏事做绝
拿钞票揩屁股
　　　　　——胡作非为
三伏天孵小鸡
　　　　　——坏蛋多
吹风机出故障
　　　　　——坏了风气
糊涂虫做媒
　　　　　——坏两头

胸口贴膏药
———坏心肝

牛踏臭冬瓜　被踩烂的毒菌
———浑身冒坏水

判决书做衣裳
———浑身是罪

赶庙会失孩子
———活丢人

平地里挖坑
———叫人栽跟头

粉白墙泼恶水
———尽是污点

烂麻袋滤豆腐
———尽是渣滓

戴着墨镜倒骑驴
———尽走黑道

闭着眼走路
———净走歪道

屁股上安拉锁
———开后门

王小二开饭店
———看人下菜碟

见啥菩萨烧啥香
———看人行事

多年的老马桶
———口滑肚臭

抽风的公鸡
———老走歪歪道

粪坑翻个儿
———亮出臭底子

病床上插牡丹
———临死还贪花

牧人不刮胡子
———溜(留)须拍马

讲课还是老一套
———屡教不改

狐狸给老虎搔痒
———卖弄风骚

蝎虎子打喷嚏
———满嘴臊

重病不吃药
———没个好

贼娃子挂佛珠
———没有好经念

老虎不吃人
———名声不好；名声坏

奖状绑在笤帚上
———名誉扫地

苍蝇的世界观
———哪里臭往哪里钻

小偷的婆娘当妓女
———男盗女娼

驴粪蛋上滚白糖
———内里坏

媳妇向公公借钱
———挪用公款

脸蛋贴膏药
———破相

骑着马儿不拿鞭
———全靠拍马屁

上坟不带烧纸
———惹祖宗生气

猪八戒卖凉粉
———人丑名堂多

阎王扮观音
———神不神，鬼不鬼

神台上的狗屎

　　　　　——神憎鬼厌

菩萨掉到染缸里

　　　　　——贪色鬼

棺材板上画花　死人拍马屁

　　　　　——讨好鬼

一根筷子捡花生米

　　　　　——挑拨

黄鼠狼的脾气

　　　　　——偷鸡摸蛋

高山砌屋

　　　　　——图风流

花布斜扯

　　　　　——歪道道多

巫婆神汉跳大神

　　　　　——歪门邪道

窝窝头翻个儿

　　　　　——现眼

王母娘娘盼吃蒿菜饭

　　　　　——想野味

蝎子戴礼帽

　　　　　——小毒人

旋风吹到嘴里

　　　　　——邪风入内

狗见了主人

　　　　　——摇头摆尾

疖子开刀

　　　　　——一包脓

牛吃破草帽

　　　　　——一肚子坏圈圈

马脸比猪头

　　　　　——一个比一个丑

驴脸比母猪头

　　　　　——一个比一个难看

黄鼠狼拜狐狸

　　　　　——一个更比一个坏

黄牛脚印水牛踩

　　　　　——一个更比一个歪

武大郎的脚指头

　　　　　——一个好的也没有

三亲六故，四朋八友

　　　　　——一拉一帮

从潲水缸里出来的

　　　　　——一身馊味

苍蝇钻茅房

　　　　　——沾腥惹臭

酱油店里打架

　　　　　——争风吃醋

审判员入狱

　　　　　——执法犯法

拆房放风筝

　　　　　——只图风流不顾家

趁水踏沉船

　　　　　——助人为恶

脑袋往茅坑里扎

　　　　　——自甘堕落

木匠戴枷板

　　　　　——自作孽

大腿上长疔疮

　　　　　——走到哪坏到哪

医院里的死人

　　　　　——走后门

东西路南北拐

　　　　　——走邪(斜)道

猴子不咬人

　　　　　——嘴脸难看

酒杯掉在酒缸里

　　　　　——罪(醉)上加罪(醉)

坟地里躺个酒鬼

　　　　　——醉生梦死

伪善奸诈

夜袭阎王店
　　　　　　——暗中捣鬼

客厅里挂磨盘
　　　　　　——不是实话(石画)

黄鼠狼戴草帽
　　　　　　——充人样

半夜里梳头
　　　　　　——出暗计(髻)

反转葫芦，倒转蒲扇
　　　　　　——出尔反尔

东岳庙走进城隍庙
　　　　　　——处处有鬼

药铺里挂蛇皮
　　　　　　——打着吓人的幌子

冰河上赶鸭子
　　　　　　——大家耍滑

日头晒瓮
　　　　　　——肚里阴

说话捧着乌纱帽
　　　　　　——封官许愿

淹死鬼使计谋
　　　　　　——勾别人下水

放屁打飞脚
　　　　　　——故意遮盖

判官当军师
　　　　　　——鬼点子多

判官的肚腹
　　　　　　——鬼心肠

提着影戏人上场
　　　　　　——好歹别戳破了这层纸

水里摸泥鳅滑不脱
　　　　　　——滑不溜秋

哈巴狗戴串铃
　　　　　　——混充大牲口

耳朵眼里灌稀饭
　　　　　　——混淆视听

戏台上送诏书
　　　　　　——假传圣旨

贾家姑娘嫁贾家
　　　　　　——假(贾)门假事(贾氏)

电影里谈恋爱
　　　　　　——假情假意

胳肢窝夹蜡扦
　　　　　　——假装吹鼓手

毒蛇钻进竹筒里
　　　　　　——假装正直

秦桧的后代
　　　　　　——奸小子

山里的狐狸
　　　　　　——狡猾透了

口含木炭拉家常
　　　　　　——尽讲黑话

鲨鱼学黄鳝
　　　　　　——尽想滑

秦桧奏本
　　　　　　——进谗言

王麻子的外号
　　　　　　——坑人

麻子掉枯井
　　　　　　——坑人不浅

刘备的江山
　　　　　　——哭出来的

王佐断臂
　　　　　　——苦肉计

强盗的钱财
　　　　　　——来路不明

阎王的爷爷
　　　　——老鬼

豆芽拌粉条
　　　　——里勾外连

出了澡堂进茶馆
　　　　——里外涮

阎王爷的扇子
　　　　——两面阴

又做巫婆又做鬼
　　　　——两面装好人

一根尖担
　　　　——两头戳

铁丝串铜铃
　　　　——两头溜

小贩卖气球
　　　　——买空卖空

公鸡跌下油缸
　　　　——毛光嘴滑

打肿脸充胖子
　　　　——冒充富态

豆腐渣装皮箱
　　　　——冒充好货

恶狼学狗叫
　　　　——没怀好意

乌贼吐墨
　　　　——蒙混人

隔布袋买猫
　　　　——蒙着交易

王爷的管家
　　　　——欺上瞒下

李鬼劫路
　　　　——欺世盗名

丑八怪相媳妇
　　　　——乔装打扮

许不下羊羔许骆驼
　　　　——巧言哄人

宋太祖陈桥兵变
　　　　——取而代之

小耗子欺大象
　　　　——全凭会钻

白骨精化美女
　　　　——人面鬼心

豆腐做匕首
　　　　——软刀子

丢掉了邮包
　　　　——失信于人

玩把戏的绝技
　　　　——耍花招

拉二胡的练功
　　　　——耍手腕

炕头上生竹子
　　　　——损(笋)到家了

元宵里裹爆竹
　　　　——糖衣炮弹

窃贼上房
　　　　——偷梁换柱

烟囱里招手
　　　　——往黑处引

猴子想变人无病呻吟
　　　　——尾巴遮不住

沙滩上钓鱼
　　　　——无稽之谈

小婆子上吊
　　　　——吓唬大的

假李逵遇上真李逵
　　　　——现了原形

下暴雨泼污水
——销赃(消脏)

一壶醋的赏钱
——小恩小惠

刽子手咧嘴
——笑里藏刀

人皮包臭
——心里脏

趁风扬尘
——掩人耳目

肚脐眼里说话
——谣(腰)言

窑里失火
——谣言(窑烟)

牛角对菱角
——一对奸(尖)

潘仁美会严嵩
——一对奸臣

跑了耗子捉狐狸
——一个比一个刁

水獭找泥鳅
——一个刁，一个滑

假银元买到猪婆肉
——一个骗一个

红苕充天麻
——以假乱真

七寸脚穿三寸鞋
——硬装

长虫过篱笆
——有空就钻

白骨精送饭
——有野心

朝天椒
——又尖又辣

盐碱地里的冬瓜
——又小又奸(尖)

屎盆往脑袋上扣
——栽赃(脏)

吕蒙正盖房子
——造谣(窑)

墙缝的蝎子
——蜇人不显身

麻子推磨
——转着弯儿坑人

鼻头搽白粉
——装丑

狗熊戴礼帽
——装大人物

猪八戒初进高家庄
——装好汉

八哥学舌
——装人腔

冬天的癞蛤蟆
——装死

水獭〔tǎ〕上山
——装熊

喝凉水栽跟头
——装晕

哈巴狗蹲田头
——装坐地虎

篾匠的货
——自己编的

歪脖子说话
——嘴不对心

吃了海椒啃甘蔗
——嘴甜心辣

否定排斥

隔壁美妇人　画上的美人儿
　　　　　　——爱不得

老牛陷进淤泥里
　　　　　　——拔不出脚

老虎的胡子
　　　　　　——拔不得

三角砖头　铁拐李跳舞
　　　　　　——摆不平

龙门阵缺人　蛤蟆荡秋千
　　　　　　——摆不起来

瓦匠碰上鞋匠
　　　　　　——帮不上忙

小两口吵架
　　　　　　——不碍事

砂锅里捣蒜
　　　　　　——不保险

两口子拜年
　　　　　　——不必

灯盏添油
　　　　　　——不变心

武大郎的扁担
　　　　　　——不长不短

老鸦高歌　青蛙鼓噪
　　　　　　——不成调

八百个铜钱穿一串
　　　　　　——不成调(吊)

一只手作揖
　　　　　　——不成敬意

金子给个铜价钱
　　　　　　——不成生意

年三十的案板
　　　　　　——不得空

老狗跳楼梯
　　　　　　——不得势

没有笼头的马驹子
　　　　　　——不定性

老坯模套不上新砖瓦
　　　　　　——不对尺码

大力士绣花　张飞绣花
　　　　　　——不对劲

张飞战马超
　　　　　　——不分胜负

斗败的老牛
　　　　　　——不服气

八月十五无月光
　　　　　　——不该咱露脸

肩膀头生疮
　　　　　　——不敢担

驼背上山
　　　　　　——不敢回头

马王爷
　　　　　　——不管驴事

眼泪流到眉毛上
　　　　　　——不合情理

大胖子穿小褂　猴子着西装
　　　　　　——不合身

铁匠骂徒弟
　　　　　　——不会打

竹子榨油
　　　　　　——不见得

戏台上喝酒
　　　　　　——不见得有

狗吃麦麸子
　　　　　　——不见面

药斗子　中药铺的家伙
　　　　　　——不拘一格

老牛大憋气
　　　　　　——不吭声

破帆使风　树荫遮景致
　　　　　——不快意

小鸡钻牛角
　　　　　——不宽绰

六月的扇子
　　　　　——不离手

老鼠算卦
　　　　　——不　灵

清水写字　石板桥上跑马
　　　　　——不留痕迹

磕完头撒供
　　　　　——不留神

一锤子买卖
　　　　　——不留余地

花轿里的新娘　正月十五云遮月
　　　　　——不露脸

半空中荡秋千　沙滩上走路
　　　　　——不落实

捡来的媳妇
　　　　　——不美满

土地堂里填窟窿　观音堂里填窟窿
　　　　　——不妙(补庙)

初二三的月亮　黑纸糊灯笼
　　　　　——不明不白

程咬金做皇帝
　　　　　——不耐烦

镜子里的烧饼　画里的大饼
　　　　　——不能充饥

芝麻秆做门闩
　　　　　——不能推敲

地皮上割草
　　　　　——不去根

骡和驴打架　鹅咬鸡
　　　　　——不认亲

包公的铡刀
　　　　　——不认人

橡皮钉子
　　　　　——不软不硬

干手粘芝麻
　　　　　——不上手

受贿的酒宴　赌气饭
　　　　　——不是好吃的

扁担垫坐
　　　　　——不是久留之客

卖盐逢雨，卖面遇风
　　　　　——不顺当

贵妃娘娘叹气
　　　　　——不顺心

码子前面添零
　　　　　——不算数

老牛啃地瓜　老母猪啃槽
　　　　　——不抬头

大闺女退婚礼
　　　　　——不谈了

嚼过的甘蔗　强扭的瓜
　　　　　——不　甜

甘蔗当烟囱
　　　　　——不通气

王老二赶集
　　　　　——不图利

狗熊摆手
　　　　　——不玩了

赤膊捅马蜂窝
　　　　　——不惜血本

头痒抓脚板
　　　　　——不相关

发霉的炒黄豆
———不　香

懒厨子办席　厨子罢工
———不想吵(炒)

披蓑衣戴礼帽　穿汗衫戴棉帽
———不协调

官老爷下轿　船上人上岸
———不(步)行

躺着说话
———不腰痛

纸糊的老虎　纸画的猫猫
———不咬人

纸糊的老虎
———不用怕

出门骑骆驼
———不用照料

城隍庙的铁算盘
———不由人算

太阳地里点灯
———不增光

吃奶的娃娃
———不知愁

《二十四史》面前搁
———不知从何说起

蜜糖罐子打醋
———不知酸甜

老鼠咬旗杆
———吃不倒

一尺厚的烧饼
———吃不透

烧红了的煤球
———吹不得；捧不得

谷糠搓绳　坛子里和面
———搭不上手

三尺长的梯子　矮梯子上高房
———搭不上言(檐)

上锈的铁锁　拿错了钥匙
———打不开

牛皮饭碗
———打不破

湖底的鱼　没气的篮球
———打不起来

小笼子里养凤凰
———呆不长

茶壶里的汤圆
———倒不出来

无芯的蜡烛
———点不亮

绣花针纳鞋底　羊抵牛
———顶不过

拿着棍子叫狗
———定不来

瞎子的拐棍
———丢不得

戴斗笠亲嘴
———对不上口

阴沟里撑船
———翻不了

提着筷笼上坟
———放不下

陌路相逢　路边捡私生子
———非亲非故

好斗的公鸡
———肥不了

三尺门槛

　　　　　　——高抬不上

河里的虾米

　　　　　　——估不透

阴沟里的旋风

　　　　　　——刮不起来

二流子烧香

　　　　　　——鬼都不信

猪八戒扮新娘

　　　　　　——好歹不像

做梦当总统　梦里结婚

　　　　　　——好事不成

白骨精骗孙悟空

　　　　　　——哄不住人

醋泡的蘑菇

　　　　　　——坏不了

拿着棍子叫狗

　　　　　　——急不来

气焊枪焊玻璃　砍断的竹子

　　　　　　——接不上

疮口上贴膏药　膏药贴在背上

　　　　　　——　揭不得

灯草当拐棍

　　　　　　——借不上力

敲山镇虎　庙里的泥马

　　　　　　——惊不了

老虎演戏　电焊的火花

　　　　　　——看不得

打电话做手势

　　　　　　——看不见

马车滚进泥水沟

　　　　　　——拉不转

白纸写黑字

　　　　　　——赖不掉

床底下的夜壶

　　　　　　——离不得又见不得

不成葫芦不成瓢

　　　　　　——两不像

八仙桌旁的老九

　　　　　　——轮不着

泰山顶上散步

　　　　　　——没奔头

景德镇停业

　　　　　　——没词(瓷)了

大肚子穿裤子

　　　　　　——没搭头

婆婆一个说了算

　　　　　　——没公理

肉烂在锅里　米烂在锅里

　　　　　　——没关系

东家瓜，西家枣

　　　　　　——没话找话

杂货店关门　货郎鼓别腰里

　　　　　　——没货了

七斤半的苦瓜

　　　　　　——没见过这号种

隔年的皇历

　　　　　　——没看头

朝中无人莫做官　虎落平阳

　　　　　　——没靠山

搬梯子上天　椅子折了背

　　　　　　——没靠头

荞麦去了皮

　　　　　　——没棱没角